ESCUDO

de oración

CREO que este será el libro más importante que he escrito hasta ahora para los pastores y otros líderes cristianos.

¿Por qué? ¡Porque realmente da resultados! Muchos pastores me han dicho, durante el transcurso de los años en los que he dado esta información acerca de la intercesión personal, que la aceptación de mis sugerencias ha transformado literalmente su ministerio.

Este es un manual de instrucción para los líderes y los laicos. Ayudará a formar nuevas relaciones ungidas por Dios para liberar a su pueblo de manera que lleguen a ser todo lo que desea que sean.

C. Peter Wagner

ESCUDO
DE
ORACIÓN

SERIE GUERRERO EN ORACIÓN

ESCUDO
DE
ORACIÓN

Comó interceder por pastores, líderes cristianos y otros creyentes
que ocupan la primera linea en la batalla espiritual

C. PETER
WAGNER

GRUPO NELSON
Una división de Thomas Nelson Publishers
Desde 1798

NASHVILLE   DALLAS   MÉXICO DF.   RÍO DE JANEIRO

© 2011 por Grupo Nelson®
© 1995 por Editorial Caribe
Publicado en Nashville, Tennessee, Estados Unidos de América. Grupo Nelson,
Inc. es una subsidiaria que pertenece completamente a Thomas Nelson, Inc.
Grupo Nelson es una marca registrada de Thomas Nelson,
Inc. www.gruponelson.com

Título en inglés: *Prayer Shield*
© 1992 por C. Peter Wagner
Publicado por Regal Books

Traducción: *Javier A. Quiñones-Ortiz*

ISBN: 978-1-60255-614-0

Dedicatoria

*Dedicado con amor
a la familia Irons
Alex y Ruth
Katherine, Joshua y Herbert*

Contenido
de oración

ESCUDO
DE
ORACIÓN

Introducción

de oración

POCOS CRISTIANOS se percataron de que alrededor de 1970 comenzó un nuevo y gran movimiento de oración que se esparció a través de las iglesias cristianas en todo el mundo. Hoy en día muy pocos son los que no están conscientes de ello. Sería difícil recordar algún otro momento en tiempos recientes donde la oración haya tenido tanta importancia entre los líderes cristianos y los creyentes en los bancos de las iglesias.

Estaba entre esos que durante el año 1970 no tuvieron conciencia. Como explicaré más tarde, ese justamente fue el período en que menos oré en mi ministerio. Luego, a principios de la década del ochenta, comencé a aprender y experimentar de nuevo el poder de la oración. En ese entonces emprendí la clase de Escuela Dominical que imparto en la Iglesia Congregacional de la Avenida Lake en Pasadena, California. Al principio, el proceso fue lento, pero las cosas se aceleraron en el año 1987.

En el 1980 comencé a interesarme en la oración relacionada con la comprensión de las dimensiones espirituales del crecimiento de la iglesia. Muchos me conocen como profesor de crecimiento de iglesias en el Seminario Fuller y he dedicado gran parte de mi vida al análisis de las razones por las cuales algunas iglesias crecen mientras otras declinan y mueren. Durante muchos años me ocupé primordialmente de los factores institucionales y contextuales. Más recientemente, sin embargo, también trato de entender los factores espirituales que influyen en el crecimiento de las iglesias.

En 1987 comencé a prestarle más atención a la oración. Hice lo que con frecuencia hacen los profesores, y empecé a adquirir libros acerca del tema. Ahora tengo muchísimos y creo tener un entendimiento bastante bueno acerca del tema. Entre otras cosas, he procedido de esta manera porque deseo descubrir cuáles son las áreas específicas, en el campo de la oración, relativamente ignoradas en el pasado. Esto me ayuda a establecer las prioridades en relación a mis investigaciones personales.

Del estudio de la literatura surgieron tres vacíos obvios: (1) la intercesión a nivel estratégico o la batalla espiritual contra los principados y las potestades, (2) la intercesión por los líderes cristianos, y (3) la relación entre la oración y el crecimiento de la congregación local. Estoy en proceso de escribir un libro nuevo acerca de cada uno de estos temas, así como otro en la serie relacionado con el importante tema de cartografía espiritual. El libro acerca de la intercesión a nivel estratégico ya está disponible, a través de esta misma casa editora, bajo el título *Oración de guerra*. Este libro trata acerca de la intercesión por los líderes, y el tercero y el cuarto vendrán posteriormente.

Por espacio de varios años he estado aprendiendo algunas cosas, primordialmente mediante la experiencia acerca de la intercesión personal por los líderes. Mi ministerio ha alcanzado su nivel más alto como resultado de ser objeto de la intercesión. Debido a ello me sorprendí bastante cuando descubrí que muchos de los que habían enseñando acerca de la oración no hablaban lo suficiente acerca de la oración por los pastores y otros líderes.

En generaciones anteriores, hubo alguna enseñanza ocasional acerca de la intercesión por los líderes. Por ejemplo, hace más de cien años Charles G. Finney dedicó dos páginas en sus clásicas *Lectures on Revivals of Religion*, para amonestar a sus líderes para que «oren por su ministro». Entre otras cosas dijo: «¡Conozco a una iglesia que diariamente mantiene a su ministro en oración y están al tanto, con gran ansiedad, de que el Espíritu Santo le acompañe en sus labores!» Y luego: «¡Cuán diferentes son las cosas cuando la iglesia cree que su *ministro* está orando y por lo tanto no hay necesidad alguna de orar!»[1]

Tal y como podríamos esperar, E.M. Bounds, la persona que quizás ha escrito más acerca de la oración que ninguna otra, tiene algo que decir al respecto. Un capítulo de su *Power Through Prayer* [Poder a través de la oración, 1912] se intitula: «Los predicadores necesitan las oraciones del pueblo» y otro en *The Weapon of Prayer* [El arma de la oración, 1931] reza: «El clamor del predicador: "¡Oren por nosotros!"» Bounds estimaba la importancia de la oración por los pastores de tal forma que dijo: «El aire no es tan necesario para los pulmones como lo es la oración para el predicador». Enfatizaba (como hago yo en esta obra): *«El predicador debe orar; y se debe orar por el predicador* (énfasis original)».[2]

Dos de los autores contemporáneos que se ocupan de la oración intercesora por los líderes son tanto mis compañeros personales de oración como de mi esposa, Doris. El primero es Dick Eastman, quien nos amonesta a «cubrir a

---

1. Charles G. Finney, *Lectures on Revivals of Religion* [Conferencias acerca de los reavivamientos de la religión], Fleming H. Revell Company, Nueva York, NY, 1868, p. 224.
2. E.M. Bounds, The Complete Works of E.M. Bounds on Prayer [Obras completas de E.M. Bounds sobre la oración], Baker Book House, Grand Rapids, Michigan, 1990, p. 486.

los que ya laboran en la cosecha» y nos ofrece diez «Reclamos colosenses» para los obreros cristianos.[3]

La otra es Cindy Jacobs que escribió un capítulo completo acerca de «Compañeros personales de oración». Habla, entre otras cosas, acerca de los problemas que ella y su esposo, Mike, sufrían en su ministerio «Generales de intercesión». Los problemas dieron un giro de ciento ochenta grados cuando lograron la ayuda de compañeros de oración.[4]

Un ejemplo de un pastor que escribe acerca de la intercesión para los líderes es Michael Tucker, en su obra The Church That Dared to Change [La iglesia que se arriesgó a cambiar].

Aunque no es un libro en sí, John Maxwell, pastor de la Iglesia Wesleyana Skyline de San Diego, California, tiene una excelente producción videográfica y una cinta magnetofónica intitulada The Pastor's Prayer Partners.[5] Este es un valioso recurso que recomiendo mucho. No sé de ninguna otra persona mejor preparada para presentar este medio que mi amigo John, quien ha reclutado cien personas sumamente comprometidas para que oren por él de manera intensa y continua.

Otro recurso, que incluye una cinta videomagnetofónica y seis cintas magnetofónicas, es How to Have a Prayer Ministry.[6] Este contiene algún material que encontrará en este libro y otros que no encontrará.

---

3. Dick Eastman, Love on Its Knees [Amor sobre sus rodillas], Chosen Books, Old Tappan, NJ, 1989, p. 118.
4. Cindy Jacobs, Conquistemos las puertas del enemigo, Editorial Betania, Miami FL, 1993, pp. 181-183.
5. John Maxwell, *The Pastor's Prayer Partners* [Los compañeros de oración del pastor], disponible mediante Injoy Ministries, 1530 Jamacha Road, Suite D, El Cajón, California 92019. En los EE.UU. se puede llamar gratis a través del siguiente número 1-800-333-6506.
6. C. Peter Wagner, How to Have a Prayer Ministry [Cómo preparar un ministerio de oración], disponible a través del Charles E. Fuller Institute, Box 91990, Pasadena, California, 91109-1990. En los EE.UU. se puede llamar gratis mediante el siguiente número: 1-800-999-9587.

Hasta donde sepa, este es el primer libro que se ocupa exclusivamente de los pastores y sus compañeros personales de oración. En este libro usaré el término «pastores» en un sentido amplio para incluir a los líderes cristianos en general, como yo. Aunque personas tales como Billy Graham, James Dobson, Loren Cunningham y este servidor quizás necesitemos oración intercesora en mayor medida que algunos pastores locales, pues los líderes cristianos con los cuales se relacionan la mayor parte de los cristianos día tras día son sus pastores. Por eso es que le estoy prestando tanta atención a los pastores.

Este libro no es sólo acerca de las oraciones. También trata acerca de los que reciben las oraciones. Uno de mis principales propósitos es ayudar a los pastores y líderes cristianos para que comprendan a todos los que interceden por ellos y que estos, a su vez, entiendan a los líderes cristianos por los cuales oran. Creo que, una vez que comience a suceder esto, se liberarán tremendas cantidades de poder divino a través de nuestras iglesias, organizaciones paraeclesiales y otros ministerios del avance del Reino de Dios en la tierra.

19 El poder de los compañeros personales de oración

Capítulo uno

El poder de los compañeros personales de oración

ESCRIBO ESTE LIBRO PORQUE ESTOY PERSONALMENTE convencido de la certeza de la siguiente oración: La fuente de poder espiritual menos usada en nuestras iglesias hoy en día es la intercesión por los líderes cristianos.

No dije: «una de las fuentes de poder menos utilizada», porque no creo que haya nada más importante que realmente sea tan ignorado. No lo hacemos y por lo general no hablamos de ello.

No deseo insinuar que la intercesión por nuestro líderes es la única fuente de poder espiritual en las iglesias. No. Aparte de la proclamación de la Palabra, la oración, la adoración, la alabanza, la sanidad, la confesión, el ayuno, los sacramentos y los dones espirituales, se están utilizando en las iglesias muchas otras fuentes significativas de poder espiritual. Es cierto que muchas de ellas no se usan tan bien o con tanta frecuencia como deseáramos, pero están presentes y las podemos reconocer. Esto no es así con la intercesión por nuestros líderes.

Le mostraré cuánta diferencia puede hacer.

LA POLÍTICA ESPIRITUAL EN LA IGLESIA WESLEYANA SKYLINE

Uno de mis mejores amigos es pastor de esta iglesia en San Diego, California. Lo mencionaré con frecuencia en este libro porque he aprendido mucho de él acerca de los compañeros de oración personal de los pastores. En su iglesia, a diferencia de muchas otras, la intercesión por los líderes se usa al máximo. Está entretejida en la fibra misma de la filosofía ministerial de la iglesia.

Maxwell cree firmemente que faltó poco para que la iglesia no pudiera impedir un enorme error si no es por la oración intercesora. No que la hubiera llevado a un desastre total, pero resulta claro que la hubiera lanzado por un sendero que no le hubiera permitido ser todo lo que Dios deseaba que fuera.

Dios bendijo por muchos años a la iglesia con un crecimiento sustancial durante la tutela de John Maxwell. Cuando alcanzaron tres mil personas, las antiguas facilidades localizadas en una sección deteriorada de la ciudad, no daban abasto. Los tres servicios matutinos dominicales no eran suficiente para todos los que deseaban asistir; así que, tal y como podría esperarse, el crecimiento se detuvo. Era obvio que para que la iglesia alcanzara a todas las personas que Dios quería, tendrían que mudarse.

Encontrar nuevas facilidades, suficientemente amplias como para realizar su atrevida visión para el futuro, dada por Dios, no era tarea fácil en la ciudad de San Diego. Sabían que necesitaban más o menos 404.700 m^2 en un área deseable. Los agentes de bienes raíces les decían que la ciudad de San Diego había crecido tanto que ese tipo de propiedad ya no estaba disponible. Lo debían haber buscado unos diez o quince años antes.

John Maxwell tiene cien personas, que están sumamente comprometidas en la oración por él. A su tiempo le explicaré cómo sucedió esto, pero por ahora basta con decir que en cuanto comenzaron a buscar una nueva propiedad estas personas oraban por John y sus líderes. Comenzaron a pasar los meses, se amontonaron las frustraciones y la moral comenzó a decaer. La iglesia continuaba estancada, a pesar de que su potencial de crecimiento era tan grande como antes. Parecía que los agentes de bienes raíces estaban en lo correcto.

Entonces apareció algo. Se enteraron de que una excelente propiedad aproximadamente de 202.350 m², justo al lado de la autopista, estaba disponible. El equipo de John comenzó a obrar, lucharon durante unas negociaciones sumamente difíciles y finalmente hicieron una oferta de $2 millones de dólares, la cual el dueño aceptó. John y la junta de su iglesia estaban convencidos de que habían explorado todas las posibilidades y pensaban que esta sería la decisión correcta. Acordaron reunirse con la congregación un domingo por la mañana para recibir y aprobar la recomendación de la junta para adquirir el terreno.

Pero, a pesar de todas las oraciones elevadas durante los últimos meses, John, como de costumbre, deseaba asegurarse de que habían orado lo suficiente. Al fin y al cabo, esta sería una de las decisiones más importantes que la iglesia tomaría y tanto él como el resto de los líderes deseaban estar absolutamente seguros de que esa era la voluntad divina. Así que Maxwell le dijo a sus compañeros de oración: «Oigan, vamos a asegurarnos de que hemos tomado la decisión adecuada. Por si acaso, vamos a la propiedad a orar una vez más».

«¡Este no es su lugar!»

El sábado antes de la crucial reunión congregacional, John Maxwell y sus cien compañeros de oración salieron hasta el lugar que creían sería la futura localización de la iglesia. A medida que oraban, comenzaron a sentirse raros, primero individualmente, luego en grupos. Después de una increíble agonía, unos a otros comenzaron a admitir que oían a Dios decir: «¡Este no es su lugar!»

La siguiente noche, en la reunión congregacional, John repitió el proceso mediante el cual habían pasado para tomar una decisión acerca de la adquisición de la propiedad. Esta pareció correcta desde el punto de vista financiero, de negocios, de la administración eclesiástica y de acuerdo con la orientación recibida a través de diversas fuentes. Pero una cosa podía tener mayor peso sobre todas estas indicaciones positivas: la palabra del Señor que se recibió a través de la oración devota y efectiva.

Aunque Maxwell sabía que muchos se decepcionarían, fue atrevido porque había desarrollado la fe suficiente en la obra de la mano de Dios en su vida y la vida de la iglesia mediante sus compañeros de oración. Recomendó que la Iglesia Wesleyana Skyline retirara la oferta por la propiedad. También aseguró que si Dios realmente les estaba diciendo que no compraran esta propiedad, era porque les aguardaba algo mejor. ¡Nadie pudo imaginarse cuán superior sería!

El proceso de búsqueda comenzó de nuevo. Localizaron una hermosa propiedad de 323.760 m² y en dos ocasiones le preguntaron a los dueños si deseaban venderla, pero se negaron ambas veces. Los compañeros de oración y otras personas continuaron orando. De pronto, surgieron dificultades económicas y los dueños parecían dispuestos a venderla. Skyline ofreció muy poco dinero por ese terreno, $1.8 millones, pero los dueños estaban tan apretados que decidieron, a regañadientes, aceptar la oferta. Sin embargo, insistieron en una condición: Si Skyline no consideraba el terreno para una iglesia, debían acceder a no venderlo y lo devolverían. También debían pagarle a los dueños los intereses sobre la cantidad que Skyline gastaría.

La iglesia, conociendo el riesgo, aceptó la oferta para luego averiguar, a través de un evaluador de bienes raíces, que el verdadero valor de la tierra era de $4.5 millones. ¡La iglesia Skyline se arriesgó mucho más de lo que creían!

La transformación del terreno

La iglesia también se vio obligada a triplicar la contribución por los derechos del agua de lo que era necesario, y pagaron $120.000 por ellos. Pero llegó una sequía al sur de California, los valores de esos derechos se elevaron y los dueños le rogaron que le vendieran dos tercios de los mismos. Para ese entonces los dos tercios valían $250.000 y, como parte del negocio, la iglesia persuadió a los antiguos dueños para que eliminaran la cláusula de retorno de la propiedad. Así que Dios les otorgó la propiedad por el precio que habían ofrecido originalmente, sin cláusula alguna y ¡unos $130.000 dólares extra!

Pero eso no es todo. ¡Midieron «los 323.760 m²» y hallaron que la tierra realmente constaba de 445.170 m²! Entonces el Acueducto necesitaba 40.470 m² en la parte baja del terreno y ofreció canjearles 121.410 m² al tope del mismo, justo donde John Maxwell había planeado edificar el estacionamiento. Ahora tenían 527.110 m². Finalmente les ofrecieron $4 millones por una porción de tierra establecida en una zona industrial y que al fin y al cabo no necesitaban.

Ahora la Iglesia Wesleyana Skyline tiene un hermoso terreno, que probablemente vale $10 millones, ¡por el cual no pagaron nada!

Esto sucedió a raíz de la oración. Mediante la misma, los compañeros de oración del pastor escucharon la negativa de Dios. Su madurez espiritual los motivó lo suficiente como para seguir lo que sabían sería una decisión poco popular. Una vez que decidieron avanzar, comenzaron a escuchar una serie de afirmaciones divinas que los cargó a ellos, a su pastor, a la junta de la iglesia y a la congregación a través del umbral y en la mejor época de la historia de esa congregación.

Lo que quiero decir con todo esto es que esa congregación no tiene una franquicia exclusiva en cuanto a esta clase de poder de oración. Dios también desea ejercer un poder similar en su iglesia, y este libro le ayudará a sintonizar los medios y las maneras mediante las cuales se puede efectuar.

¡Es posible que todavía le aguarden los mejores días de su pastor, los suyos y los de su congregación!

CÓMO SE LIBERA EL PODER DIVINO

En Éxodo 17 hay un relato fascinante. Muchos recordarán el relato de la batalla de Refidim en la cual Josué derrotó a Amalec. El nombre de Josué entró de forma permanente en los anales de la historia militar como el general que obtuvo la victoria en la batalla de Refidim.

Pero la Biblia nos relata el resto.

En una conferencia estratégica antes de la batalla se determinó que mientras Josué dirigiría a las tropas en el campo de batalla, Moisés intercedería por él sobre una colina cercana. En la misma, Moisés pronto se percató de que mientras sus manos permanecían levantadas, Josué ganaba, pero tan pronto bajaban, Josué perdía. Moisés rápidamente se dio cuenta de esto y decidió mantener sus manos levantadas. Así que Aarón y Hur vinieron al rescate, sentaron a Moisés sobre unas rocas e hicieron todo lo posible por mantener sus manos en alto. Josué venció en la batalla como resultado de este esfuerzo (Éxodo 17.8-13).

Este es un relato sencillo y tiene un principio muy importante para todos nosotros. Josué lucha mientras Moisés ora. Josué recibe el crédito por ganar la batalla, pero sabemos quién realmente obtuvo la victoria. Por supuesto, en última instancia, fue el poder divino el que conquistó el triunfo, pero el agente humano usado de manera más directa, como canal del poder divino, fue Moisés, el intercesor, y no el general Josué.

Como diría mi amigo Walter Wink: «La historia le pertenece al intercesor».[1]

---

1. Una de las aseveraciones más citadas de Walter Wink dice que «la historia le pertenece a los intercesores». La primera vez que la vi fue en su artículo: «Prayer and the Powers» [Los poderes de la oración], en la revista *Sojourners*, octubre de 1990, p. 10.

Al aplicar esto a mi vida, veo a Josué realizando «el ministerio». Sucede que en ese momento la tarea asignada por Dios era la de luchar. Me pregunto cuánto oró Josué durante ese día en el valle de Refidim. Probablemente no oró mucho, si es que acaso oró. Empero la batalla se ganó, en última instancia, mediante la oración, las oraciones del intercesor y no las oraciones del ministro. Esto no implica que Josué no era importante. La batalla no pudo ganarse sin ninguno de ellos.

Hoy en día muchos líderes cristianos son como Josué. Son activistas en el ministerio. Son vencedores. Las personas los perciben como exitosos siervos de Dios. Día tras día ven el poder de Dios operando a través de ellos para bendición de otros. Y, ¿de dónde procede ese poder? Se libera a través de la intercesión.

EL AVIVAMIENTO EN HEREFORD, TEXAS

Una de las primeras verdaderas experiencias del poder de la intercesión personal que escuché provino de mi amigo Larry Lea. Justo había finalizado el seminario y servía como pastor de jóvenes en la Iglesia Bautista de Beverly Hills en Dallas, Texas. La iglesia crecía bastante así como el grupo de jóvenes de Larry. Tenía mil adolescentes en su grupo y era uno de los más numerosos en el área. Entonces recibió su primera invitación para realizar una cruzada evangelística a nivel metropolitano. La ciudad era Hereford, Texas, con una población de casi dieciséis mil habitantes. Lea creía que uno de sus principales dones era la evangelización y tenía mucha fe en que Dios le proveería una cosecha significativa de almas en Hereford.

El formato de la cruzada implicaba que el evangelista predicara cada noche en una iglesia distinta de las que se hallaban enroladas en la campaña a través de toda la ciudad. La primera noche predicó con todo ímpetu, pero nadie respondió a la invitación. Cuando sucedió lo mismo la próxima noche, Larry Lea comenzó a preocuparse. «¿Qué está pasando? Sé que mis sermones son adecuados. Son teológicamente correctos. El evangelio es claro. ¿Qué voy a hacer cuando regrese a Dallas y tenga que reportarme a mi grupo de jóvenes?»

La tercera noche la reunión se iba a realizar en una iglesia metodista. Larry llegó un tanto temprano y dos mujeres se le acercaron. Lo vieron nervioso y le dijeron: «No se preocupe hermano Lea. Hoy hemos orado por usted por ocho horas». Le preguntaron si podían imponerle las manos y orar por él allí mismo. Cuando finalizaron, una de las mujeres le dijo: «¿Qué significa la frase "Consumado es" para usted?» ¡Ese era el texto que Larry iba a usar esa noche! ¡Predicó y cien personas respondieron a su invitación!

La siguiente noche Larry buscó a las dos mujeres. Ellas oraron de nuevo por él, y la otra mujer le preguntó si recordaba a la mujer con el flujo de sangre. ¡Una vez más ese era el texto elegido para esa noche!

Antes de que terminara la semana más de quinientas personas habían respondido a la predicación y se habían decidido por Cristo. Larry estaba jubiloso. En el viaje de regreso a Dallas comenzó a ensayar cómo contaría las buenas nuevas de su exitosa cruzada con su grupo de jóvenes. Entonces, en un momento de quietud, Lea escuchó claramente la voz de Dios que le dijo: «Hijo, tú no tuviste nada que ver con ese avivamiento. ¡Esas personas se salvaron porque alguien *oró su costo*!

Fue en ese momento que Larry Lea aprendió el valor de la intercesión personal por los líderes. Él era el Josué del campo de batalla, en este caso el evangelista que obtuvo el reconocimiento por llevar quinientas personas a Cristo en Hereford, Texas. Pero el poder de Dios provino primordialmente de las dos mujeres que, al igual que Moisés, realizaron fielmente la obra de intercesión.[2]

---

2. La historia de Larry Lea se relata en su libro *¿Ni tan solo una hora?*, Editorial Betania, Miami, FL, pp. 37-42.

¿QUÉ ES LA INTERCESIÓN?

Con frecuencia usamos la palabra «intercesión» como sinónimo de «oración». En las conversaciones comunes y corrientes es aceptable, pero no cuando las usamos técnicamente. La oración, en sentido general, significa hablarle a Dios. La intercesión es allegarse a Dios a favor de otro. Toda intercesión es una oración, pero no toda oración es una intercesión.

«Intercesión» se deriva del latín *inter*, que significa «entre» y *cedere*, que significa «salir». Luego, intercesión implica entremeterse o ponerse en la brecha. El Señor dice a través del profeta Ezequiel: «Y busqué entre ellos hombre que hiciese vallado y que se pusiese en la brecha delante de mí, a favor de la tierra, para que yo no la destruyese; y no lo hallé» (Ezequiel 22.30). Esta es una clara referencia a la intercesión.

Teológicamente hablando: «La intercesión son los ruegos de la persona que, a la vista de Dios, tiene el derecho de hacerlo para obtener misericordia por el que se encuentra en necesidad».[3] Esto señala la importancia del hecho de que la posición de la persona ante Dios la califica o descalifica como posible intercesor.

La intercesión es allegarse a Dios a favor de otro. Toda intercesión es una oración, pero no toda oración es una intercesión.

El libro de Ester nos presenta una poderosa analogía bíblica de la función de un intercesor.

El relato es sumamente conocido. Asuero (en hebreo) o Jerjes (en griego) era el poderoso rey de Persia, más de

---

3. P.J. Mahoney, «Intercession» [Intercesión], *The New Catholic Encyclopedia* [La Nueva Enciclopedia Católica], McGraw-Hill Book Company, Nueva York, NY, 1967, p. 566.

cuatrocientos años antes de Cristo. Dominó todo el Medio Oriente desde la India hasta Etiopía. Asuero se enamoró de Ester, una hermosa judía, y la hizo su reina sin saber que era judía. Mientras tanto Amán, capitán de los príncipes, se molestó cuando Mardoqueo, el tío de Ester, rehusó inclinarse ante él. Al averiguar que Mardoqueo era judío, Amán, para vengarse, planeó el asesinato de todos los judíos en todas las provincias persas (Ester 3.13). Mardoqueo se enteró de los planes y le pidió a Ester que interviniera ante Asuero a favor de su pueblo.

Las costumbres de esa época prohibían que ninguna persona, ni siquiera una reina, iniciara una audiencia con el rey. Uno sólo hablaba con el rey cuando este se dirigía a uno. La pena por violar esta costumbre era la pena de muerte. Pero Ester arriesgó su vida y le contó al rey las intenciones malvadas de Amán. El rey respondió favorablemente, ejecutó a Amán y entonces ajustó las leyes de los medos y los persas para salvar al pueblo judío.

¿Cómo esto puede ser una analogía de la intercesión?

Primeramente, Asuero, políticamente hablando, era omnipotente en su reino. En eso representa a Dios. Amán representa a Satanás quien viene a hurtar, matar y destruir. Ester es la intercesora, la que «se ubica sobre la brecha». Mardoqueo representa la función del Espíritu Santo al comunicar la voluntad de Dios acerca de este asunto a Ester.

Durante el transcurso de este libro nombraré y describiré muchos intercesores contemporáneos de la vida real. Ellos se parecen mucho a Ester. Ella era humilde y no era arrogante. Se sometió a la autoridad y estaba sintonizada a la voz de Dios y estaba dispuesta a obedecer lo que había escuchado a pesar de los riesgos personales. Dependió de lo que hoy llamaríamos el Cuerpo de Cristo, pidiéndole a sus compañeros judíos que la apoyaran en oración y ayuno. Ella misma ayunó por tres días. Cuando se sintió sintonizada espiritualmente, estaba lista para decir: «entraré a ver al rey, aunque no sea conforme a la ley; y si perezco, que perezca» (Ester 4.16).

Cuando Ester se acercó al trono del rey, ella fue bienvenida en base a una relación de amor que ya se había establecido. Los intercesores necesitan establecer una relación íntima con Dios. Como resultado de ello, el rey utilizó su poder para salvar al pueblo de Dios. Como testifican los intercesores de hoy día, la mayor recompensa del ministerio de la intercesión es ser recibido en amor por el Padre y ver su poder liberado mediante su intervención.

¿CUÁN PODEROSAS SON ESTAS PETICIONES?

Algunos preguntaran: ¿acaso las peticiones de un mero ser humano pueden determinar las acciones de un Dios todopoderoso?

La respuesta es afirmativa. Esta es la manera mediante la cual el Dios Todopoderoso eligió diseñar el mundo y estructurar nuestra relación con él. La presuposición correcta es que de Ester no interceder los judíos hubieran sido destruidos. Los judíos, hasta el día de hoy, reconocen y celebran esto en su anual Fiesta de Purim. Los intercesores contemporáneos están tan convencidos de que en muchos casos Dios no hubiera podido hacer lo que hizo sin su fiel ministerio de reconciliación.

A Juan Wesley se le cita frecuentemente diciendo: «Dios no hará nada sobre la tierra excepto en respuesta a la oración creyente». Juan Calvino afirma en sus *Institutos* que «las palabras no logran explicar cuan necesaria es la oración». Dice que la providencia divina no excluye el ejercicio de la fe humana. A pesar de que el Guarda de Israel no duerme ni descansa, Calvino dice que «está inactivo, como si se hubiera olvidado de nosotros, cuando estamos mudos e inactivos».[4]

Los líderes contemporáneos, desde Jack Hayford hasta Walter Wink, dicen la misma cosa. Hayford dice: «Usted y yo podemos ayudar a decidir cuál de estas dos cosas habrán

---

4. Juan Calvino, *Institutos de la Religión Cristiana*, Libro III:XX:2-3.

de suceder sobre la tierra: la bendición o la maldición. Nosotros determinamos si se liberará la bondad de Dios hacia situaciones específicas, o si se permitirá que prevalezca el poder del pecado y Satanás. El factor determinante es la oración».[5]

Walter Wink también rechaza la idea de que Dios es la causa de todo lo que sucede sobre la tierra. Es omnipotente, pero también, en parte, limita sus acciones sobre la tierra en relación a la libertad de sus criaturas. Aunque afirma que la oración nos cambia, Wink dice: «Esta también cambia las posibilidades divinas».[6]

LO MEJOR DE DIOS: MOISÉS Y SAMUEL

De no estar errado, los principales intercesores en el Antiguo Testamento eran Moisés y Samuel. Concluyo esto en base a Jeremías 15.1, en donde Dios dice: «Si Moisés y Samuel se pusieran delante de mí, no estaría mi voluntad con este pueblo». El asunto es que los intercesores no son manipuladores de Dios, y algunas cosas Él las ha grabado en concreto. Pero para reafirmar el punto, Dios menciona a los mejores intercesores: Moisés y Samuel.

Los intercesores no son manipuladores de Dios, y algunas cosas Él las ha grabado en concreto.

Ya mencioné la intercesión de Moisés por Josué en la batalla de Refidim (Éxodo 17). Otro ejemplo aun más dramático fue cuando Moisés subió al monte Sinaí para recibir

---

5. Jack W. Hayford, *Prayer Is Invading the Impossible*, Ballantine Books, Nueva York, NY, 1983, p. 57.

6. Walter Wink, *Unmasking the Powers* [Descubriendo los poderes], Fortress Press, Filadelfia, PA, 1986, p. 91.

las tablas de la Ley y el pueblo de Israel se rebeló contra Dios y volvió al paganismo. Dios se enojó tanto que dijo: «Ahora, pues, déjame que se encienda mi ira en ellos, y los consuma; y de ti yo haré una nación grande» (Éxodo 32.10). Moisés entonces pronunció una de las oraciones intercesoras más conmovedoras de toda la Escritura. Como resultado: «Jehová se arrepintió del mal que dijo que había de hacer a su pueblo» (Éxodo 32.14).

El corazón de Moisés tipifica la actitud de muchos de los intercesores que conozco. En un momento sufrió tanto por los que oraba que le dijo a Dios: «que perdones ahora su pecado, y si no, ráeme ahora de tu libro que has escrito» (Éxodo 32.32). ¡No en balde Dios le consideraba como uno de los mejores!

Un excelente ejemplo de la intercesión de Samuel fue cuando los filisteos descendían sobre Israel y estos se aterrorizaron. Le dijeron a Samuel: «Entonces dijeron los hijos de Israel a Samuel: No ceses de clamar por nosotros a Jehová nuestro Dios, para que nos guarde de la mano de los filisteos[...] y clamó Samuel a Jehová por Israel, y Jehová le oyó» (1 Samuel 7.8,9). El Señor atemorizó con truenos a los filisteos e Israel prevaleció contra ellos.

Tal como Moisés, Samuel mostró su corazón de intercesor cuando luego dijo: «Así que, lejos sea de mí que peque yo contra Jehová cesando de orar por vosotros; antes os instruiré en el camino bueno y recto» (1 Samuel 12.23). Debemos estar agradecidos de que esto no sea simplemente historia antigua, sino que hoy en día Dios nos ha dado muchos hijos con corazones como el de Moisés y Samuel. Son hermosos regalos para el Cuerpo de Cristo.

LA INTERCESIÓN EN EL NUEVO TESTAMENTO

En el Nuevo Testamento, Jesús es el intercesor por excelencia. Su oración por su pueblo en Juan 17 revela el amante corazón que tenía por el pueblo y su deseo de ubicarse en la brecha entre ellos y el Padre. Hoy en día Él sigue intercediendo por nosotros: «Viviendo siempre para interceder por ellos» (Hebreos 7.25).

El tema de este libro no es la intercesión en general, aunque esta es muy importante. Santiago dice: «Confesaos vuestras ofensas unos a otros, y orad unos por otros, para que seáis sanados» (Santiago 5.16). *Love on Its Knees* [Amor sobre sus rodillas], de Dick Eastman, es un notable libro acerca del tema. También hay muchos otros. No obstante, aquí enfocamos un aspecto específico de la intercesión, a saber, la intercesión a favor de los pastores y otros líderes cristianos.

Juan Calvino no exageraba cuando dijo que es casi imposible explicar cuán necesaria realmente es la oración. La oración intercesora puede alcanzar tanta importancia como para salvar vidas.

En Hechos 12 se narra que Herodes decidió aplacar a los judíos en Jerusalén eliminando a varios líderes cristianos. Incluyó específicamente a Jacobo y a Pedro en su lista mortal. Asesinó a Jacobo, pero no a Pedro. No se nos dan más detalles acerca del caso de Jacobo. Pero se nos dice específicamente que aunque Pedro estaba en prisión aguardando su ejecución: «la iglesia hacía sin cesar oración a Dios por él» (Hechos 12.5). Como resultado, se salvó la vida de Pedro y Herodes terminó comido por gusanos (Hechos 12.23). Podemos asumir con bastante certeza que Pedro oró por sí mismo, pero de acuerdo con la única información que se nos provee, el poder divino para eximir a Pedro se liberó a través de los intercesores, así como el poder para que Josué ganara su batalla se liberó por medio de Moisés.

PABLO Y SU DESEO DE COMPAÑEROS DE ORACIÓN

Aparentemente el apóstol Pablo conocía el valor de la intercesión personal por los líderes ya que lo pidió cinco veces en sus epístolas.[7] Veamos las cinco referencias.

---

7. Se puede encontrar un estudio erudito exegético de estas peticiones paulinas de intercesión personal en Gordon P. Wiles, *Paul Intercessory*

Hermanos, orad por nosotros.
1 Tesalonicenses 5.25

Aunque se expresa en plural, es posible que sea una cuestión de redacción y que Pablo realmente pide que oren por él. En la sección inicial de esta carta a los tesalonicenses, Pablo les asegura de que está orando por ellos (1 Tesalonicenses 1.2) y afirma sus obras de fe, esperanza y amor (1 Tesalonicenses 1.3). Al finalizar la epístola les pide que le correspondan, indudablemente esperando que rogaran a Dios de forma similar para que aumente su fe, esperanza y amor en su persona y ministerio.

Pero os ruego, hermanos, por nuestro
Señor Jesucristo y por el amor del Espíritu,
que me ayudéis orando por mí a Dios.
Romanos 15.30

Esta es una petición de intercesión personal más específica ya que Pablo sigue pidiéndoles que oren para que su próximo viaje a Jerusalén sea de éxito y protegido de los enemigos que le esperaban. Entonces les pide que oren para que pueda visitarlos en Roma. Considera la intercesión como una sociedad (que me ayudéis) en el ministerio.

Cooperando también vosotros a favor nuestro
con la oración, para que por muchas personas
sean dadas gracias a favor nuestro por el don
concedido a nosotros por medio de muchos.
2 Corintios 1.11

A medida que Pablo le pide a los creyentes de Corinto que intercedan por él, menciona algo que Pedro también descubrió: la intercesión puede ser un asunto de vida o muerte.

Prayers [Oraciones intercesoras de Pablo], Cambridge University Press, Cambridge, Inglaterra, 1974, pp. 259-296.

En los versículos anteriores Pablo habla acerca de la «sentencia de muerte» y de la liberación «de gran muerte». No se nos dice exactamente a qué se refieren, pero una posibilidad sería el apedreamiento en Listra cuando lo dejaron por muerto. Algunos piensan que en realidad murió y que Dios le restauró la vida (Hechos 14.19,20).

> *Porque sé que por vuestra oración y la*
> *suministración del Espíritu de Jesucristo, esto*
> *resultará en mi liberación.*
> Filipenses 1.9

Pablo escribe esta petición desde la prisión. La palabra «liberación» en el texto indica que Pablo depende de las oraciones de otros para que se haga justicia y así obtener la libertad.

> *Prepárame también alojamiento; porque espero que*
> *por vuestras oraciones os seré concedido.*
> (Filemón 22)

Esta breve oración se podría ignorar fácilmente, pero una vez más Pablo escribe desde la prisión y desea visitar a su amigo Filemón. Tiene tanta fe en que Dios responderá las oraciones de Filemón, ¡que le pide que le prepare el cuarto de huéspedes!

LA INTERCESIÓN ES UN CONCEPTO BÍBLICO

Presenté estos cinco versículos porque creo que es importante que comprendamos que la intercesión por los líderes, a pesar de que no se practique mucho hoy en día, es un concepto bíblico. Los creyentes comunes y corrientes pueden ser parte del ministerio de los líderes cristianos, los Pablos actuales, mediante la intercesión.

Mientras escribía este capítulo recibí una llamada telefónica de uno de mis intercesores, Jack McAlister. Cuando le pregunté qué había estado haciendo, me dijo que había sido un día bastante rutinario. Comenzó a orar por líderes a las cinco y media de la mañana y no terminó hasta casi las ocho de la mañana. Dijo que había estado orando por Billy Graham, Bill Bright, por mí y muchos otros más. Entonces añadió: «Esto es muy excitante para mí. Cuando oro por esos líderes participo con ellos y junto con ellos recibo la bendición de los frutos de su ministerio».

Esto es exactamente lo que los intercesores del apóstol Pablo experimentaban con él. Le escribe a los filipenses diciendo que estaba orando por ellos y «por vuestra comunión en el evangelio, desde el primer día hasta ahora» (Filipenses 1.5). La frase «vuestra comunión en el evangelio» se refiere a cómo se asociaban a su ministerio. Esta es la característica principal y la recompensa de los intercesores.

LA INTERCESIÓN ES UNA BATALLA ESPIRITUAL

Jane Anne Pratt es una de las compañeras personales de oración para Doris y para mí. Es miembro del personal, en Dallas, Texas, de la organización misionera del Seminario Europeo Oriental. Aun antes de ser parte del personal, la llamaron para que fuera una intercesora de John Maisel, el presidente de la misión. Jane, de paso, es una intercesora madura y con mucha experiencia.

En los días justo después de la caída de la Cortina de Hierro, John Maisel realizó otro de sus frecuentes viajes al bloque oriental. En esta ocasión dictó conferencias acerca del tema de la divinidad de Jesús en la Universidad del Estado en Moscú, luego a una multitud de veinte a treinta mil personas en Bucarest, de ahí regresó a su base de operaciones en Viena. Jane, en Dallas, estaba orando mucho por él. La conferencia resultó excelente y muchos se salvaron. Es obvio que las fuerzas de las tinieblas estaban sumamente molestas, no sólo por la conferencia de Maisel en

Moscú, sino por el poder canalizado a través de la intercesión de Jane en Dallas.

Lo que sucedió muestra el nivel hasta dónde la intercesión por los líderes es, esencialmente, una batalla espiritual.

En una de esas noches, a las dos de la mañana, Jane Anne Pratt se despertó con la presencia de una increíble fuerza de las tinieblas en su cuarto. Cuenta: «Luché en oración y aun así era más poderosa que yo. Gastó toda mi energía y mi fuerza vital. No podía moverme, estaba completamente paralizada». En cuanto se comunicó con el Espíritu Santo supo con certeza de que la vida de John no peligraba en ese momento. Sintió que «le habían enviado esa poderosa fuerza de las tinieblas para destruir a John, pero que la había atacado a ella porque estaba ubicada en la brecha». En la parte más intensa de la batalla, Jane pidió refuerzos, tanto de ángeles como de intercesores. Dios se los envió.

En un abrir y cerrar de ojos, Jane sintió la presencia de un ángel en el cuarto que se ocupó del espíritu de las tinieblas. La batalla se concluyó, pero Jane se sentía agotada. Entonces le sobrevino fiebre y laringitis. Pero se regocijó de que el Señor obtuvo la victoria.

A la mañana siguiente la máquina contestadora en la oficina de Jane registró una llamada de Cindy Jacobs, que al igual que Jane, es una de mis diecinueve compañeros personales de oración. Jane le contestó la llamada y le preguntó, como de costumbre, cómo estaba. La respuesta de Cindy es inolvidable. «Jane, estoy bien», contestó, «la pregunta es ¿cómo estás tú? ¿Cuál era la increíble fuerza de las tinieblas en tu cuarto a las dos de la mañana? ¡Ese fue uno de los principados más poderosos que jamás he enfrentado! ¡Estuve batallando contigo en intercesión hasta que se quebrantó su poder!»

Tanto Jane como Cindy son guerreras espirituales veteranas. Aunque la intensidad de esta batalla era rara, los incidentes no lo son. Como intercesores, anticipan peleas frecuentes con los espíritus de maldad que salen a destruir la obra divina. Concuerdo con Edwin Stube, que dice: «La oración de intercesión es una batalla y la manera principal en la cual esta sigue adelante. La batalla tiene que ganarse primero en oración y luego llevarse a la práctica».[8]

EVODIA Y SÍNTIQUE: COMPAÑERAS DE ORACIÓN DE PABLO

Pocos comentaristas bíblicos reconocen la probabilidad de que Evodia y Síntique, de la iglesia de Filipos, eran compañeras personales de oración de Pablo (Filipenses 4.2,3). Muchos enfatizan que las mujeres no se estaban llevando bien y que «posiblemente le asistían con recursos materiales como lo había hecho Lidia durante muchos años anteriormente».[9] Se infiere que, como buenas mujeres, es posible que le cocinaran y le remendaran su ropa.

Pocos comentaristas ven a Evodia y Síntique ejerciendo una función de mayor importancia en el ministerio de Pablo. Por ejemplo, F.F. Bruce señala que el verbo «combatieron» es sumamente fuerte. Dice: «Cualquiera que fuera la colaboración de estas dos mujeres a Pablo en su ministerio evangélico, no se limitaba a preparar té para él y sus compañeros, sea cual sea la actividad equivalente en ese entonces».[10]

El verbo al que se refiere F.F. Bruce *(synathleo)* realmente significa que «batallaron» o se «esforzaron en gran manera». Edmond Hiebert dice que «implica una acción unida ante la oposición o la lucha», así que la metáfora «representa a estas mujeres sirviendo como compañeras de

---

8. Edwin B. Stube, *According to the Pattern* [De acuerdo al modelo], 1982, p. 84. Se puede obtener escribiendo a: Holy Way, 859 Washington Boulevard, Baltimore, MD 21230.
9. Ralph P. Martin, *The Epistle of Paul to the Philippians* [La epístola de Pablo a los Filipenses], Wm. B. Eerdmans Publishing Company, Grand Rapids, MI, 1959, p. 165.
10. F.F. Bruce, *The Pauline Circle* [El círculo paulino], Wm. B. Eerdmans Publishing Company, Grand Rapids, MI, 1985, p. 85.

batalla de Pablo a medida que este procuraba establecer el evangelio en Filipos».[11] Esto nos acerca más al concepto de batalla espiritual. F.W. Beare dice que estas dos valerosas mujeres estaban «involucradas, juntamente con Pablo, "contra principados, contra potestades, contra los gobernadores de las tinieblas[...] contra huestes espirituales de maldad en las regiones celestes" de Efesios 6.12, que emplean los oponentes humanos del evangelio como sus herramientas».[12]

Cito a estos reconocidos eruditos bíblicos sin deseo alguno de que se pretenda que estoy escribiendo una monografía académica, sino para darle cierta credibilidad profesional a mi interpretación de Evodia y Síntique. Sugiero la posibilidad de que Pablo implica que estas dos mujeres *«combatieron espiritualmente por mí»*. De ser así, encajarían perfectamente con la descripción de los intercesores personales o compañeros de oración que desarrollo en este libro. De todas maneras, me permite suponer que el apóstol Pablo comprendería y aprobaría lo que trato de decir.

PREGUNTAS DE REFLEXIÓN

1. Hable acerca de la suposición de que la oración previno a que John Maxwell y la Iglesia Wesleyana Skyline adquirieran la propiedad equivocada. ¿Podría alguien probar esto en una corte legal?
2. Repase el significado bíblico de «intercesión». En base a su experiencia, trate de ofrecer ejemplos de cómo la intercesión ha marcado una diferencia.
3. El incidente donde Cindy Jacobs sabía lo que le estaba sucediendo a Jane Pratt es raro. ¿Ha experimentado alguna vez algo parecido?

---

11. D. Edmond Hiebert, *Personalities Around Paul* [Personalidades alrededor de Pablo], Moody Press, Chicago, IL, 1973, p. 166.
12. F.W. Beare, *A Commentary on the Epistle to the Philippians* [Un comentario sobre la epístola a los Filipenses], Adam & Charles Black, Londres, Inglaterra, 1959, p. 145.

4. Presente dos o tres ejemplos que conozca acerca de alguna ocasión en la cual una persona oró por otra y las oraciones fueron respondidas.

5. ¿Qué quería decir Pablo cuando afirmó que sus compañeros de oración luchaban espiritualmente a su favor?

Capítulo dos

Los intercesores

UILFREDO PARETO, EL ECONOMISTA ITALIANO, REALIZÓ UN SORPRENDENTE descubrimiento a finales del siglo pasado. Halló que, independientemente del sistema de impuestos que se utilice en algún país, un 20% de sus ciudadanos controlan un 80% del capital. Desde ese entonces se han intentado muchos tipos de aplicaciones del «Principio de Pareto». Por ejemplo:

- 20% de los vendedores de seguros venden un 80% de ellos.
- 20% de un libro le brinda un 80% de su contenido.
- 20% de los pescadores atrapan un 80% de los peces.
- 20% de los miembros de la iglesia proveen un 80% del presupuesto.
- 20% de los políticos obtienen un 80% de los votos.

Y así por el estilo. Naturalmente, el porcentaje 20-80 es sólo una categoría imprecisa, pero el principio subyacente resulta válido. Ayuda a comprender la «ley de la minoría vital y la mayoría trivial».

LA MINORÍA VITAL

Esta ley del 20-80 puede aplicarse a los intercesores en una iglesia local. Sin embargo, mis investigaciones muestran que es más probable que los intercesores vitales sean algo así como un 5% en lugar de un 20%. En otras palabras, el 5% de los miembros de la iglesia de una congregación común y corriente proveen el 80% de la intercesión significativa.

Estoy completamente consciente de que una aseveración de ese tipo podría incomodar a algunas personas por varias razones. Algunos dirán que eso *no debería* ser así y que la mayoría de los cristianos deberían orar. Otros dirán que el 95% que sólo realiza el 20% de la intercesión no son «triviales». Sólo puedo concordar con la primera declaración.

Sin embargo, tomando en cuenta las debidas aclaraciones, creo que esto es tan cierto en su iglesia como en la mía. Sólo un pequeño número de los miembros de la iglesia son reconocidos en la congregación como personas excepcionales en la oración.

El difunto Waymon Rodgers, que sirvió en una enorme iglesia en Kentucky, contó el relato de un hombre en su iglesia que se le acercó y le dijo: «Deseo las llaves de la iglesia. Me gustaría orar allí». Cuando Rodgers le dijo que el templo estaba abierto todos los días a las ocho de la mañana, el hombre respondió: «Tenía la costumbre de levantarme a las cuatro y media de la mañana para ir al trabajo. Como estoy retirado, me gustaría dedicar ese tiempo a la oración y el ayuno». Obtuvo las llaves y el hombre venía al templo todos los días a las cuatro de la mañana y oraba hasta las siete de la mañana.

Cualquier pastor sabe que sería un grave error decirle a la congregación: «Si él puede hacerlo, cualquiera puede», e intentar forzar a cada miembro de la iglesia a orar de las cuatro a las siete de la mañana. Sería mucho más realista reconocer a ese hombre como uno de la minoría vital en cuanto al ministerio de la oración en la iglesia.

¿Quiénes son esos pocos? Son personas que tienen *el don de la intercesión*.

LA COMPRENSIÓN DE LOS DONES ESPIRITUALES

Para comprender el don de la intercesión es imperativo reconciliarse con la enseñanza bíblica acerca de los dones espirituales. Como dice Pablo: «No quiero, hermanos, que ignoréis acerca de los dones espirituales» (1 Corintios 12.1).

La Biblia dice que la Iglesia es un cuerpo, el Cuerpo de Cristo (Efesios 1.22,23). El Cuerpo de Cristo funciona de manera similar al cuerpo humano. Pablo dice: «Porque de la manera que en un cuerpo tenemos muchos miembros, pero no todos los miembros tienen la misma función, así nosotros, siendo muchos, somos un cuerpo en Cristo, y todos miembros los unos de los otros» (Romanos 12.4,5). Creo que esto nos ofrece una clave importante para comprender lo que son los dones espirituales y cómo operan.

Si somos miembros del Cuerpo, ¿cómo sabemos qué parte somos? ¿Cómo sabemos si somos una nariz, un dedo, un párpado o el hígado? Lo sabemos descubriendo el don o los dones espirituales que tenemos. «Cada uno según el don que ha recibido, minístrelo a los otros, como buenos administradores de la multiforme gracia de Dios» (1 Pedro 4.10).

Dios ha otorgado uno o varios dones espirituales a cada creyente. Nadie se queda sin ninguno. Algunos de nuestros distritos escolares ofrecen programas especiales para «niños dotados». Pero en nuestras iglesias el programa completo está concebido para los niños dotados de Dios porque todos están dotados. Esto no quiere decir que todos tenemos los mismos dones. Algunos son orejas y otros ojos, y la oreja no debe decir: «Porque no soy ojo, no soy del cuerpo» (1 Corintios 12.16). La calidad de nuestro servicio a Dios, a través de la Iglesia, está determinado por el conocimiento de nuestros dones.

No trabajamos para alcanzar nuestros dones y recibirlos como recompensa. Dios con su gracia y sabiduría nos los concede.

El Cuerpo de Cristo es tan complejo que Dios, en su sabiduría, no nos permite elegir nuestros propios dones. De ser así, muchos decidirían ser ojos. Después de todo, ¿quién habría de decidir ser el hígado cuando podría ser ojo? Pero, a la larga, el cuerpo puede vivir sin un ojo, pero no sin el hígado. «Antes bien los miembros del cuerpo que parecen más débiles, son los más necesarios» (1 Corintios 12.22).

Dios selecciona los dones

Sólo Dios nos conoce lo suficientemente bien como para decidir qué parte del Cuerpo debemos desempeñar. El Espíritu Santo reparte «a cada uno en particular como Él quiere» (1 Corintios 12.11). Dios ha establecido a los miembros en el Cuerpo «como Él quiere» (véase 1 Corintios 12.11). Los dones que recibimos provienen estrictamente de la discreción divina y por su gracia. La palabra bíblica que se usa con más frecuencia en relación a los dones espirituales es *charisma*, que contiene la palabra griega para gracia, *charis*. No trabajamos para alcanzar nuestros dones y recibirlos como recompensa. Dios con su gracia y sabiduría nos los concede.

Entonces, ¿cuál es nuestra responsabilidad individual? Como creyentes una de nuestras principales prioridades debe ser el descubrimiento de los dones que Dios nos ha otorgado. Y entonces, como ya hemos visto, seremos «buenos mayordomos» de ellos (1 Pedro 4.10). Podemos ser buenos administradores mediante el desarrollo de los dones que tenemos a fin de usarlos en el ministerio para la gloria de Dios.

¿Cuántos dones existen?

Un libro de texto de anatomía nos diría las partes que tiene el cuerpo humano. Afortunadamente el Cuerpo de Cristo no es tan complejo. Existen varias opiniones en cuanto a la cantidad exacta de los dones espirituales. La investigación que he hecho, que se encuentra resumida en el libro, *Your Spiritual Gifts Can Help Your Church Grow* [Sus dones espirituales pueden ayudar al crecimiento de su iglesia] me lleva a sugerir que hay veintisiete, aunque no tengo problema alguno con los que piensan de otra manera.

¿Por qué creo que hay veintisiete?

Primeramente, reconozco que hay tres listas principales de los dones espirituales en el Nuevo Testamento. Estas se encuentran en Romanos 12, 1 Corintios 12 y Efesios 4. Ninguna de ellas está completa en sí misma, se repiten varias. Algunos dones sólo se mencionan en una sola lista, algunos en dos y otros en las tres. Una composición basada en las tres listas nos da veinte dones: la profecía, el servicio, la enseñanza, la exhortación, las dádivas, el liderazgo, la misericordia, la sabiduría, el conocimiento, la fe, la sanidad, los milagros, el discernimiento de espíritus, las lenguas, la interpretación de lenguas, el apostolado, la ayuda, la administración, la evangelización y el pastorado.

También se mencionan varios dones, cinco para ser exactos, aparte de los que se han relacionado: el celibato (1 Corintios 7.7), la pobreza voluntaria (1 Corintios 13.3), el martirio (1 Corintios 13.3), la hospitalidad (1 Pedro 4.9,10) y la obra misionera (Efesios 3.6-9). O sea, esto nos da un total de veinticinco dones en el Nuevo Testamento.

Ahora bien, el próximo asunto es *sumamente importante* para entender el don de la intercesión. Si ninguna de las tres principales listas de los dones espirituales está completa en sí misma, y si la composición de las tres está incompleta,

¿acaso podría ser que los veinticinco dones hallados en el Nuevo Testamento también podrían ser una lista abierta a la cual se le podrían añadir más dones? Creo que es posible, aunque yo sería el primero en admitir que no puedo desarrollar prueba certera alguna para probar mi punto. Me anima el hecho de que otros eruditos o autores han llegado a la misma conclusión de manera independiente. Lo hacemos bíblicamente porque la Biblia no dice que las listas están cerradas, reconociendo a la vez que el argumento del silencio prueba muy poco. Pero también lo hacemos desde la profunda observación de cómo trabajan los cristianos como miembros del Cuerpo de Cristo.

Algunos de los que siguen esta posición sugieren cuatro dones, que no incluyo en mi lista de veintisiete, aunque no tengo problema alguno en ello. Estos son: la predicación, la escritura, la música y las artesanías. En más de una ocasión he deseado incluir al menos la música en mi lista. Pero sea como fuere, los dos dones que he añadido a la lista bíblica son el exorcismo (que mejor podría llamarse liberación) y la intercesión. Una de las principales razones por las cuales hago esto es porque los he visto en operación.

El don del exorcismo

La posesión demoníaca se reconoce cada día más como un problema espiritual a través de las iglesias independientemente a su posición teológica. Aun en las que tienen una extensa historia de exorcismo, por lo regular se llama a algunas personas para ayudar en los casos difíciles. Tienen una mejor capacidad, otorgada por Dios, para lidiar con los demonios, a pesar de que creo que cada cristiano tiene la autoridad para sacar demonios en el nombre de Jesús.

Mis esposa, Doris, tiene este don. Recuerdo claramente un domingo en la mañana en la Iglesia Congregacional de la Avenida Lake cuando el pastor Paul Cedar predicó un sermón acerca de la sanidad. En lugar de invitar a los que tenían necesidad de sanidad a pasar al cuarto de oración después del servicio, como se hacía regularmente, le pidió a los que necesitaban sanidad física que pasaran adelante. La respuesta fue tan abrumadora que el equipo de oración no daba abasto. Entonces Cedar invitó a las personas en la congregación que sabían cómo orar por los enfermos a pasar adelante para que ayudaran, llamándonos a Doris y a mí por nombre.

Oré por una mujer que tenía escoliosis, con una curvatura bastante obvia en la espina dorsal. La presencia de Dios era muy fuerte en el santuario, y se movió de forma tan poderosa en su espalda que podía sentir las vértebras moverse y crujir bajo mis manos a medida que se enderezaba su espina dorsal. Cuando terminaba, vi de reojo que mi amiga Phyllis Bennett estaba aguardando pacientemente por mí.

Hacía algún tiempo que la conocía a ella y a David, su esposo. Él era un pastor que había servido en la iglesia y luego pasó a servir en otras iglesias del área. Él casó a mi hija Karen. En aquel entonces estaba estudiando para obtener un doctorado en la Escuela de Misiones del Seminario Teológico Fuller, en donde enseño. Recientemente se habían pasado unos meses en la India, donde David estaba haciendo unas investigaciones.

Phyllis me dijo que sufría un terrible dolor en el pecho que el médico no podía diagnosticar. Debido a que los síntomas se parecían a una úlcera estomacal, el médico le recetó para ello, a pesar de que los rayos X no mostraban úlcera alguna (un 20% de las úlceras no aparecen en los rayos X). Ella no respondía bien a los tratamientos médicos que estaba recibiendo. Entonces, me mostró un horrendo sarpullido en su antebrazo izquierdo donde la carne había comenzado a destrozarse.

A medida que oraba por Phyllis, sentí, como hago de vez en cuando, que no estaba sucediendo nada: justo lo opuesto a lo que me había sucedido con la mujer anterior. Cuando terminé, comencé a darle algunas palabras de consolación y fe, sabiendo muy bien que la úlcera todavía estaba presente. Todavía no me había percatado de que Doris, luego de orar por otra persona, se me había acercado.

Su rostro mostraba una intensa mirada y me echó a un lado de manera gentil pero firme. El Espíritu de Dios le había indicado que debía utilizar un acercamiento diferente. Le dijo a Phyllis que la mirara a los ojos y de inmediato comenzó a batallar, en el mundo extraterrestre, con un espíritu demoníaco que se había apoderado de Phyllis, a través de una maldición, mientras se encontraba en India.

Sacar demonios no es algo común y corriente durante los servicios dominicales en nuestra Iglesia Congregacional, pero Doris tenía suficiente experiencia como para atar al demonio y no permitirle que hablara o se manifestara de forma alguna. Pasados unos minutos, los ojos de Phyllis se desorbitaron como si vieran una película de horror, su cuerpo se estremeció un poco y luego sobrevino la paz. El espíritu malvado se marchó.

¡El dolor en el pecho se sanó al instante! Se fue inmediatamente. Phyllis regresó al médico que le quitó el medicamento. Dos semanas después pasó en su automóvil, bajó la ventana y me mostró su antebrazo. Se estaba recuperando del sarpullido, causado por el medicamento que tomaba para la «úlcera».

El asunto es el siguiente. Tengo el don espiritual de la sanidad y he visto a bastantes personas sanarse cuando oro por ellas. Empero, de no ser por Doris y su don espiritual del exorcismo, es probable que Phyllis todavía tuviera la úlcera. Yo mismo no estaba consciente de que estábamos involucrados en algo más que una úlcera física. Pero así es que funciona el Cuerpo de Cristo. «Ni el ojo puede decir a la mano: No te necesito, ni tampoco la cabeza a los pies: No tengo necesidad de vosotros» (1 Corintios 12.21).

Experiencias como estas me animan a creer que hacemos bien en añadir el don del exorcismo a la lista de dones espirituales. Analizaré más detalladamente acerca del don de la intercesión, pero primero necesitamos entender las diferencias entre los dones espirituales y las funciones cristianas.

LOS DONES Y LAS FUNCIONES

Cada don espiritual, como cualquier otro miembro del cuerpo humano, es en sí mismo una minoría. Hay más miembros en el cuerpo que los veinte dedos que tenemos. Hay más miembros que los dos pulmones. Así mismo sucede en la Iglesia. Hay miembros que no son pastores. Hay más que no son maestros. Hay más que no son sanadores. Y así podríamos hacer con el resto de los dones en la lista.

Aunque pocos cristianos tienen dones espirituales, todos los cristianos, sin excepción alguna, tienen funciones paralelas a los dones. Por ejemplo, no todos los cristianos tiene el *don* de la evangelización, pero todos tienen la *función* de testificar por Cristo y llevar a las personas al Señor. No todos tienen el *don* de las dádivas, pero todos tienen la *función* de ofrecer generosamente diezmos y ofrendas. No todos tienen el *don* de la sanidad, pero todos tienen la *función* de imponer las manos y orar por los enfermos. Y así podríamos continuar con el resto de la lista.

Esta distinción es importantísima. Todos hacemos muchas cosas en nuestras iglesias usando las múltiples funciones que Dios nos ha dado. Pero por lo general hacemos algunas cosas a un nivel mayor, más poderoso, consistente y efectivo porque recibimos una unción especial del Espíritu Santo a través de nuestros dones espirituales.

La intercesión como función cristiana

La intercesión, como mencioné anteriormente, sólo es un tipo de oración. Pero tiene tanta importancia que a Jesús mismo se le describe como un intercesor. Jesucristo, a la diestra de Dios, «también intercede por nosotros» (Romanos 8.34). De forma similar, el Espíritu Santo, «conforme a la voluntad de Dios intercede por lo santos» (Romanos 8.27). El Padre, por supuesto, no se menciona como intercesor porque ante Él es que se realiza la intercesión.

A nivel humano, Pablo se describe como un intercesor cuando le dice a los Romanos: «Sin cesar hago mención de vosotros siempre en mis oraciones» (Romanos 1.9).

Antes de desarrollar la idea de la intercesión como don espiritual deseo aclarar que la intercesión es una *función* que se espera de cada cristiano fiel. Es más, no conozco a ningún hermano cristiano que no ore regularmente por otros. Pablo le dice a Timoteo: «Exhorto ante todo, a que se hagan rogativas, oraciones, peticiones y acciones de gracias, por todos los hombres» (1 Timoteo 2.1). Santiago dice: «Confesaos vuestras ofensas unos a otros, y orad unos por otros, para que seáis sanados. La oración eficaz del justo puede mucho» (Santiago 5.16).

El asunto es que no sólo deberíamos interceder por otros, sino que la mayoría de nosotros debería hacerlo con más frecuencia de lo que lo estamos haciendo ahora mismo. Sinceramente, aunque admito que intercedo por otros, no es suficiente. Necesito interceder más por mi esposa, mis hijos, mis familiares, mis colegas del ministerio, mi pastor y mis amistades, sean o no salvos.

Una vida cristiana decente al menos debe caracterizarse en tener un momento diario como mínimo para la oración, incluyendo la intercesión. Más adelante discutiré cuán extenso debe ser ese tiempo. Sólo quiero enfatizar que esta regla no se aplica sólo a algunos cristianos, sino a todos. La intercesión es una *función* cristiana universal.

La intercesión como don espiritual

La intercesión no es uno de los veinticinco dones mencionados como tales en el Nuevo Testamento. Pero, al igual que el don del exorcismo, creo que debe añadirse a la lista. Cuando converso acerca de esto con los pastores, siempre me dicen que en sus congregaciones hay ciertas personas en los que se reconoce que tienen un ministerio especial de oración que supera al de las personas comunes y corrientes. Esta es un pista que puede indicar la presencia del don de la intercesión.

He aquí mi definición de este don:

El don de la intercesión es la capacidad especial que da Dios a ciertos miembros del Cuerpo de Cristo para orar extensa y regularmente para obtener respuestas frecuentes y específicas a sus oraciones a un nivel mayor del que se espera de un cristiano común y corriente.[1]

Los que tienen el don de la intercesión:

- Oran durante más tiempo. He hallado que una hora al día es el mínimo; por lo general oran de dos a cinco horas al día.
- Oran con mayor intensidad.
- Disfrutan más de la oración y reciben mayor satisfacción personal de sus momentos de oración.
- Ven respuestas más frecuentes y dramáticas a sus oraciones.
- Están agudamente conscientes de la voz de Dios. Muchos tienen el don complementario de la profecía.

¿Cuántos miembros de una congregación promedio tienen el don de la intercesión? La respuesta a esta pregunta se desconoce. Mayores investigaciones, indudablemente, podrían revelar variaciones significativas. Quizás ciertas denominaciones o tradiciones teológicas tuvieran intercesores más activos que otros. Digo «activos» porque estoy convencido de que hay muchas personas con el don de la intercesión en nuestras iglesias que todavía no lo han descubierto o no han comenzado a utilizarlo efectivamente porque el medio ambiente de su iglesia no conduce a la liberación de ese don.

1. C. Peter Wagner, *Your Spiritual Gifts Can Help Hour Church Grow* [Sus dones espirituales pueden ayudar al crecimiento de su iglesia], Regal Books, Ventura, CA, 1979, p. 263. Véanse también las pp. 74-76.

Una de mis oraciones es que Dios use este libro para ayudar a cambiar el medio ambiente eclesiástico, de manera que muchas iglesias, a través de las diferentes denominaciones, animen agresivamente el ministerio de intercesión a todo nivel.

Los porcentajes que mencioné en relación a «la ley de la minoría vital», es decir, que el 5% de una congregación común y corriente tiene el don de la intercesión, parece ser una hipótesis razonable. Promuevo la intercesión entre los casi cien miembros de mi clase adulta de la Escuela Dominical. En una ocasión, cuando hice una encuesta, me percaté de que siete de ellos tenían el don de la intercesión: Cathy Schaller, Lil Walker, Joanna McClure, Mary Stermer, Elizabeth Philip, Mary Wernle y Christy Graham. Eso era un 7%, un tanto más de lo que esperaba.

LAS MUJERES Y LA INTERCESIÓN

Fue interesante descubrir que todos los que tenían el don de la intercesión en mi clase eran mujeres. Esto no es raro. Todavía no he realizado suficientes investigaciones como para tener resultados firmes, pero mis observaciones a través de los años me han llevado a concluir que un 80% de los que tienen el don de la intercesión son mujeres, independientemente de la cultura u orientación teológica.

He hallado que determinados dones espirituales parecen concentrarse en ciertos sexos. Las mujeres tienden a mostrar una incidencia mayor en el don del pastorado (esto no necesariamente se relaciona al ministerio ordenado, sino al cuidado pastoral) y el don de la evangelización. Los hombres tienden a mostrar mayor incidencia en el don del liderazgo (como servir de pastor principal de una congregación) y el de enseñanza. Los dos géneros podrían tener una incidencia similar en otros dones tales como la exhortación o el don del servicio, por ofrecer sólo unos ejemplos.

Pero, ¿por qué hay mujeres intercesoras? Los perfiles sicológicos generales han mostrado que las mujeres tienden a ser más intuitivas y los hombres más racionales. Algunos intercesores han sugerido que la función biológica de la concepción, la gestación y el sufrimiento al dar a luz podrían tener algo que ver. Uno de los principales ministerios de los intercesores es realizar los propósitos de Dios, y muchos de ellos describen los períodos más intensos de intercesión como un sufrimiento. Las madres saben, aun mejor que el apóstol Pablo, el significado pleno de la siguiente declaración: «Hijitos míos, por quienes vuelvo a sufrir dolores de parto, hasta que Cristo sea formado en vosotros» (Gálatas 4.19).

Luego presentaré el perfil de los intercesores personales, pero mientras tanto creo que la letra de una canción titulada *Prayer Warrior* [Guerrera de oración], por el excelente grupo de música religiosa llamado Heirloom, los puede describir mejor:

Podrás verla en el mercado con su prole
O trabajando todos los días en la ciudad de nueve a cinco
Ella es una madre o una maestra o una mujer sola
Pero ella es algo totalmente diferente cuando ora.

No podemos ver sus solitarias noches de intercesión
O las lágrimas que derrama con cada oración susurrada
Quizás no podamos ver las cosas secretas escritas en su
  corazón
Pero los ojos de Dios la vigilan con mucha diligencia.

Arrodillada ella es una guerrera de oración
Que lucha con los principados y los poderes
Se ubica en la brecha en favor de otros
Por sus hermanas y hermanos
Alcanza el cielo con su corazón.[2]

---

2. Derechos Reservados 1989 por WORD Music (una división de WORD, Inc.). Todos los derechos están reservados. Usado con permiso.

EL OFICIO DE INTERCESOR

Un oficio en una iglesia va más allá que un don. Mi entendimiento de un «oficio» es el reconocimiento público por el Cuerpo de Cristo de que cierto miembro tiene un don espiritual particular y que se le da la libertad de utilizarlo en un ministerio regular. Este es el principio fundamental de lo que conocemos como la ordenación al ministerio.

El otorgamiento de un oficio se hace de diversas maneras, desde el servicio público de ordenación de una persona, que luego usará el título de «Reverendo» y recibirá privilegios especiales de parte de la denominación y el servicio de impuestos, hasta el nombramiento de una persona para ser la maestra de niños en una Escuela Dominical. Algunas veces la persona en el oficio recibe remuneración, en otras el servicio es voluntario. De todas maneras implica un reconocimiento oficial.

Sugiero que las iglesias hagan algo que no hacen: establecer un oficio explícito de intercesor, y que reconozcan públicamente a todos los que tienen ese don. Así lo hacemos para los que tienen el don del pastorado, la evangelización y la enseñanza. Lo hacemos con el don de la misericordia (como el ministro de visitación), el de servicio (como los diáconos y las diaconisas), el de la exhortación (como el ministerio de la consejería) y otros más. Creo que debemos añadir a los intercesores a esa lista.

Todos los cristianos deben cumplir su papel como intercesor, pero hay algunos que tienen un don y un ministerio fuera de lo común.

He observado que, como parte del gran movimiento de oración que está barriendo los EE.UU., existe una mayor cantidad de congregaciones que toman a los intercesores y su oficio de manera más seria que en el pasado. Algunas han añadido un miembro a tiempo completo con el título de pastor de oración o ministro de intercesión o alguna designación parecida. Dos ejemplos presentes en iglesias sobresalientes son Bjorn Pedersen, que sirve bajo el pastor luterano Walther Kallestad de la Iglesia Comunitaria de Gozo en Phoenix, Arizona; y Onie Kittle, que sirve bajo el pastor Conrad Lowe de la Iglesia Bautista de North Parkersburg en Parkersburg, West Virginia. Podría mencionar numerosos ejemplos.

Necesitamos ser sensibles al hecho de que no todo individuo con el don de la intercesión aceptará el oficio. Esto se debe a que, una vez que se reconozca públicamente, habrá más responsabilidad, tendrá que rendir cuentas en cuanto a su ministerio y, por lo tanto, el compromiso será mayor. Algunas personas no desean esto. Además, los intercesores serán los primeros en saber que una vez que ejerzan el oficio los ataques espirituales serán más intensos. Uno se arriesgaría mucho si dijera: «Sí, tengo el don espiritual de intercesión y estoy preparado a rendirle cuentas al Cuerpo de Cristo por su uso en el ministerio». Pero algunos están dispuestos a arriesgarse y, como resultado, se libera un nuevo e imponente poder entre las iglesias y comunidades a través de la nación.

MINISTERIOS DE INTERCESIÓN

Generalmente hablando, los intercesores se involucran en cuatro clases específicas de ministerios.

Entenderemos esto mejor si somos capaces de realizar la distinción bíblica entre los dones, los ministerios y las actividades. En 1 Corintios 12 leemos que hay «diversidades de dones» (v. 4), «diferencias de ministerios» (v. 5) y «diversidades de actividades» (v. 6), todas obrando bajo el mismo Dios.

Entiendo con esto que Dios le asignará distintos *ministerios* a diferentes personas con el mismo don espiritual. Por ejemplo, es posible que algunos, entre los que tienen el don de evangelista, tengan un ministerio de evangelización personal y que otros tengan uno de evangelización pública.

Dios les asignará a otras personas con el mismo ministerio distintas *actividades*. Tomemos como ejemplo a los que tienen el ministerio de la evangelización pública. Algunos podrían recibir el llamamiento a realizar cruzadas metropolitanas, mientras que otros a una evangelización a nivel de iglesia local. De entre estos últimos, algunos podrían ser itinerantes, yendo de iglesia en iglesia, y otros ser pastores dotados con la evangelización que usan su don fundamentalmente en un púlpito.

Este principio es aplicable a cualquier don espiritual, incluyendo el de intercesión. Los cuatro ministerios que los intercesores ejercen con mayor frecuencia son la intercesión general, la personal, la intercesión en las crisis y la de batalla. Algunos intercesores realizan los cuatro, más o menos regularmente, mientras que otros se especializan al concentrarse con frecuencia en uno solo.

1. La intercesión general

Los que tienen el ministerio de intercesión general pasarán largas horas orando sobre listas, guías y cualquier número de diversas peticiones de oración que les ofrezcan. Muchas iglesias recogen hojas de papel con peticiones de oración los domingos en la mañana. Los intercesores generales oran por ellas durante la semana. Pídale a un intercesor general que ore por algo y puede tener la seguridad de que lo hará muy bien.

2. La intercesión en la crisis

Una persona que intercede durante una crisis ora casi exclusivamente a petición, y esta proviene del Padre. No responden muy bien a las peticiones indiscriminadas de individuos y la mayoría de ellos se aburrirían mucho con listas de oración. Les agrada pasarse su tiempo de oración en adoración y alabanza, acercarse al Padre y escucharle decir por qué deben orar. Algunas peticiones son cortas, otras más extensas. Una vez que Dios les pide que oren por una situación crítica ellos se aferrarán cual perro furioso hasta que se resuelva o hasta que Dios los «libere» de la tarea.

Mi amiga Christy Graham dice lo siguiente: «Yo encajo mejor en la categoría de "intercesor en la crisis". El Señor me muestra preocupaciones y personas específicas por las cuales interceder. Usualmente oro, aunque no siempre, por un momento crítico específico». Dice que con frecuencia el Señor le da nociones específicas acerca de las necesidades particulares de alguna persona. Añade: «Juntamente con la información viene la carga por orar y algún sentido de responsabilidad».[3]

Christy, entre otras cosas, se le ha dado la tarea de orar indefinidamente por Albania. Cuando escuché por vez primera acerca de esto me apené por la pobre Christy porque al parecer no habría posibilidad alguna de que Albania, el país más anticristiano del mundo, se abriera al evangelio. Pero el mundo se sorprendió cuando las cosas cambiaron en 1991 y Albania se abrió. Los ángeles se podrían regocijar, pero ninguno más que Christy Graham, cuyas oraciones, juntamente con las de muchos otros, tuvieron algo que ver con la apertura de esa nación al Reino de Dios.

Tengo la impresión de que cuando leo las palabras de Pablo a Epafras en Colosenses estoy leyendo acerca de un intercesor. Pablo dice que Epafras andaba «siempre rogando encarecidamente por vosotros en sus oraciones» y no sólo tenía «gran solicitud» por los creyentes colosenses, sino también por los de Laodicea y los de Hierápolis (Colosenses 4.12,13). Eso suena como la clase de tarea que intercesores como Christy Graham reciben de parte de Dios.

---

3. Christy Graham, «The Ministry of Intercession» [El ministerio de intercesión], *Body Life*, Newsletter of 120 Fellowship Sunday School Class, Pasadena, CA, julio, 1987, p. 7.

3. La intercesión personal

Algunos intercesores reciben un llamado especial a orar de forma regular e intensa por una o varias personas en específico. Por lo general, son pastores u otros líderes cristianos. Este libro es una evaluación profunda de este ministerio. Bíblicamente, como ya mencioné antes, creo que Evodia y Síntique, de la iglesia de Filipos, son dos ejemplos de intercesores personales de Pablo (Filipenses 4.2,3).

4. La intercesión de batalla

El llamamiento especial de algunos intercesores es a enfrentar al enemigo en batalla espiritual vehemente. Esta es una clase de intercesión avanzada, la más peligrosa y la que más demanda. Algunos podrían objetar a esta clasificación porque muchos intercesores personales y de crisis se encuentran en conflicto directo con las fuerzas de las tinieblas. Pero creo que vale la pena reconocer que algunos intercesores hacen esto con más asiduidad que otros.

Dos excelentes fuentes de mayor información de la intercesión a nivel estratégico son el libro de Cindy Jacobs, *Conquistemos las puertas del enemigo*, y mi obra *Oración de guerra*.

CÓMO DESCUBRIR EL DON DE LA INTERCESIÓN

Muchos, en este momento, se preguntarán: «¿Será posible que tenga el don de la intercesión?» De tenerlo, recuerde que este sólo se le otorgó por la gracia de Dios. No es una de esas habilidades, como el ballet o el béisbol, que se adquieren mediante arduo esfuerzo y persistencia. Ya que Dios da el don, su deber es descubrir si lo tiene o no.

El proceso de descubrir si uno tiene o no el don de la intercesión es igual al de los otros veintiséis dones espirituales. He analizado esto con más detalles en mi libro *Your*

Spiritual Gifts Can Help Your Church Grow [Sus dones espirituales pueden ayudar al crecimiento de su iglesia] (Regal Books), así que aquí sólo voy a ofrecer un resumen del proceso. He aquí cinco pasos que necesita dar para comprobar si tiene este o cualquier otro don.

1. Explore las posibilidades

En este momento necesita conocer que la intercesión es uno de los dones espirituales que Dios reparte al Cuerpo de Cristo. Todos los cristianos deben cumplir su papel como intercesor, pero algunos tienen un don y un ministerio fuera de lo común.

2. Experimente con el don

Practique la intercesión con la asiduidad y de manera tan variada como pueda. Esta experiencia debe ser extensa y mantenerse con seriedad. Pídale a Dios que le muestre cómo hacerlo, tenga o no el don. Si no lo tiene, siga adelante y descubra cuál o cuáles son sus dones. Continúe orando con fidelidad.

3. Examine sus sentimientos

Si tiene un don de intercesión, crecerá en usted el deseo de orar. La Biblia dice: «Porque Dios es el que en vosotros produce así el *querer* como el hacer, por su buena voluntad» (Filipenses 2.13, énfasis añadido). Si se percata, después de un período de tiempo, que la intercesión es una ardua labor o que le aburre, que no le agrada hacerlo, es posible que no tenga el don. Pero si se goza y deleita en orar por períodos relativamente largos, comience a creer que tiente el don.

Cindy Jacobs lo expresa bien: «A las personas que tienen el don de la intercesión les encanta orar. Preferirían no hacer ninguna otra cosa. Cuando la gente me pregunta cuánto tiempo por día dedico a la oración, les respondo: "¡Tanto como pueda!"» Cuando ella desconecta su teléfono y se pasa días enteros en oración: «¡Esos días son de suprema felicidad para mí!»[4]

4. Evalúe su efectividad

Una parte integral de recibir un don espiritual es recibir la ayuda sobrenatural del Espíritu Santo para que el ministerio sea efectivo. ¿Está escuchando claramente a Dios? ¿Son respondidas sus oraciones con bastante regularidad? ¿Siente la circulación de algún poder especial a través de sus oraciones? De ser así, es posible que tenga el don.

5. Espere y anticipe la confirmación a través del Cuerpo

Me gusta la historia de cómo Graham Fitzpatrick, un intercesor confirmado, descubrió su don. Leyó acerca del renombrado sacerdote Nash que intercedía por horas por el evangelista Charles Finney. Y se percató de que, el contemplarse intercediendo por horas, le daba mucho gozo y paz. Pero su problema era su inmadurez en las cosas del Señor y no tenía forma alguna de averiguar con certeza si este era o no el testimonio interno del Espíritu Santo. Así que le pidió a Dios que se lo mostrara.

Ciertamente, el Espíritu Santo le habló con claridad a otros dos creyentes maduros acerca de él. De acuerdo con Graham Fitzpatrick, un hombre que conoció por vez primera «me dijo que Dios desea que intercediera por otras personas». Entonces, una mujer que Fitzpatrick conocía, pero que no sabía de sus ansias por interceder, le dijo que Dios le había dado el mismo mensaje. Fitzpatrick dice: «Así que Dios utilizó a estos dos cristianos para confirmar que lo que creía que me estaba diciendo provenía de su presencia y no de mi propia imaginación o algún demonio».[5]

---

4. Cindy Jacobs, *Conquistemos las puertas del enemigo*. Editorial Betania, Miami, FL, 1993, p. 78.

5. Graham Fitzpatrick, *How to Recognize God's Voice* [Cómo reconocer la voz de Dios], Sovereigns World, Chichester, Inglaterra, 1987, p. 48.

Algo más. Si descubre que tiene el don de la intercesión, no rehuya reconocerlo. No actúe con falsa humildad. Usted no debe «alardear» de ser un intercesor más de lo que alardearía Billy Graham al ser un evangelista o su pastor de ser ministro. El enemigo usará su actitud reacia para que otros sepan que tiene el don de manera que se neutralice su influencia en el ministerio cristiano. Darle gracias a Dios por el don que le ha dado es parte de un buen mayordomo. Úselo para que se multiplique en gran manera.

PREGUNTAS DE REFLEXIÓN

1. Discuta si cree que es posible que Dios da dones espirituales a los cristianos contemporáneos que no se mencionen en el Nuevo Testamento.
2. Explique, con sus propias palabras, la diferencia entre los dones espirituales y las funciones cristianas.
3. ¿Por qué piensa que se le ha otorgado a más mujeres que a hombres el don espiritual de la intercesión?
4. ¿Conoce a alguna persona que encajaría en uno o varios de los cuatro ministerios de intercesión mencionados en este capítulo? Nómbrelos y explique su ministerio.
5. ¿Es usted uno de los que Dios le ha dado el don de la intercesión? Explique las razones para su respuesta.

CAPÍTULO TRES

¿Por qué los pastores necesitan intercesión?

ESTOY CONVENCIDO DE QUE LA MAYORÍA DE LOS MIEMBROS tienen muy poca o ninguna consideración acerca de lo que implica ser un pastor. Saben como luce y suena el pastor por fuera, pero tienen una idea más clara de lo que sucede en el reloj digital electrónico en el que ven la hora diariamente, que de lo que sucede en el interior del pastor.

Si Dios va a levantar un nuevo ejército de intercesores que apoyen a los pastores y otros líderes cristianos en oración ferviente y efectiva, estos intercesores necesitan conocer el alcance y la urgencia de la tarea que les aguarda. Voy a ser tan franco como pueda en este capítulo. No deseo ser sensacionalista.

Esto no es una columna para un semanario de pacotilla. Nada de lo que voy a decir acerca de los pastores y otros líderes debe considerarse más grave que lo que se consideraría el diagnóstico de un médico a un paciente de hepatitis o la presión alta de la sangre. El propósito es la sanidad.

Creo que la intercesión no sólo puede ser terapéutica para las dificultades espirituales y emocionales del pastor, sino que, de manera más importante, me parece que la oración puede ser preventiva.

LOS PASTORES ESTÁN AGOTADOS

El pastor que la mayoría de los miembros de iglesia ven, conocen y con el que se relacionan a través de un período de tiempo se ajusta a una función social y un modelo bien establecido. Se esperan ciertas cosas de un pastor que no necesariamente se esperan de un mecánico automotriz o una abogada. El título de «Reverendo» tiene fuertes connotaciones sociales.

Los miembros de la iglesia tienden a dar esto por sentado. ¡Los pastores no piensan así! Los pastores están obrando constantemente para proyectar una imagen que se ajuste a la representación propia de un clérigo. Son preparados para hacer esto durante su estadía en el seminario y/o las escuelas bíblicas. Esto no surge naturalmente.

Los pastores que los miembros de la iglesia ven cada semana se comportan de la mejor forma. Se visten apropiadamente, tienen una disposición alegre, dan seguridad, no se enojan, cuidan su vocabulario, tratan bien a su cónyuge, no son egoístas, trabajan duro, se mantienen sonrientes y esperan que los demás vean a Cristo en ellos. Pero esta es sólo una parte de la historia.

Los pastores también son seres humanos. Son salvos por gracia, pero no son salvos y santificados de manera diferente a como lo son los mecánicos automotrices o los abogados de sus congregaciones. Muchos de los pastores, sino la mayoría, ocasionalmente le recordarán esto a sus congregaciones mediante sus sermones.

Por ejemplo, cuando los pastores hablan acerca de cierta tentación, podrían decir: «Yo no estoy excluido. Soy humano. Esto me tienta tanto a mí como a usted». Por lo general, las personas reconocen esta sincera evaluación. Pero realmente no la creen porque no lo desean. Parte de su bienestar propio cristiano depende en gran medida de seguir a un líder pastoral que piensan está a un nivel más alto de piedad y que ha alcanzado mayores logros espirituales de lo que ellos jamás podrán hacer. Con la ayuda de la sociedad generalmente colocan a su pastor sobre un pedestal espiritual.

Los pastores también están preparados para no ser hipócritas. Saben muy bien que no son todo lo que sus congregaciones esperan que sean. Sus cónyuges también lo saben, pero muy pocos lo conocen aparte de ellos. Por eso los pastores están entre la espada y la pared. Sienten el llamado de Dios al pastorado y saben que no pueden realizar una labor efectiva como pastores si no se ajustan exteriormente a las expectativas de la congregación. Pero, ¿cómo manejan lo que sucede en su interior?

En pocas palabras, los pastores necesitan ayuda, al menos más ayuda de lo que han recibido hasta ahora. Me reúno y relaciono con cientos de pastores durante el transcurso de un año. Aunque no lo hago como consejero o pastor de pastores, encuentro que muchos están agotados; espiritual, emocional y algunas veces hasta físicamente.

¿A dónde pueden acudir para recibir ayuda? No les agrada ir a ninguno de los miembros de su iglesia porque podría regarse la voz demasiado fácilmente: Nuestro pastor nos está fallando porque no se ajusta a nuestras expectativas. Los pastores que pertenecen a la misma denominación usualmente se relacionan de manera amistosa entre sí, pero en realidad no confían muchos los unos de los otros. ¿Qué pensarían los miembros de la iglesia si se enteran de que su pastor va a pedir ayuda a un consejero profesional? Los pastores de otras iglesias en la misma comunidad podrían servir de ayuda, pero con frecuencia están sobrecargados y no están disponibles. Aparte de esos círculos, la mayoría de los pastores simplemente no tienen ninguna otra alternativa para desarrollar relaciones significativas.

Felizmente hay algunas excepciones. Una buena cantidad de pastores no forman parte de esta desolada representación. Tienen pocos conflictos internos porque en el fondo son lo que se espera de ellos emocional y espiritualmente. Algunos no, pero han hallado recursos que les ayudan y están controlando bien su situación. Quisiera poder decir que estos son la mayoría, pero ese no es el caso. Sin deseo alguno de simplificar exageradamente, una situación en exceso compleja, quiero señalar que Satanás tiene muchos pastores justo donde lo desea. Son vulnerables a sus ataques.

NUESTRA EPIDEMIA DE PASTORES CAÍDOS

Durante las últimas dos décadas, un alarmante número de pastores se han marchado del ministerio, mayormente por las siguientes razones: estar destruidos y la inmoralidad sexual. Las cifras han alcanzado proporciones epidémicas.

No recuerdo haber escuchado acerca de pastores destruidos hace veinte años. Debe haber existido, pero no al nivel que lo vemos hoy en día. La situación que he descrito, que ha llevado a la destrucción de muchos pastores, hace que sea fácil entender el porqué ocurre tan a menudo. El enemigo lo conoce muy bien y ha desarrollado bastante astucia para crear frustraciones al hacer que los pastores se sientan inadecuados y mediante sentimientos de hipocresía, culpabilidad y una baja autoestima. Esto ha alcanzado niveles tales que la venta de seguros parece ser una forma más atractiva para ganarse la vida.

Se han realizado bastantes investigaciones sicológicas acerca de las causas y los remedios para los pastores destruidos. La preparación para disfrutar del tiempo libre está ayudando a muchos. No obstante, si estoy en lo correcto al sospechar que los poderes de las tinieblas también se encuentran tras las causas de la destrucción, también hacen falta armas espirituales. Aquí es donde la intercesión por los pastores alcanza su enorme potencial.

LA IMPRUDENCIA PASTORAL

Satanás obtiene significativas victorias mediante la destrucción pastoral, pero inflige mucho más daño a la causa de Cristo cuando incita a un pastor a caer en la inmoralidad sexual.

Antes de entrar en detalles acerca de este delicado tema, permítame recordarle que la mayoría de los pastores estadounidenses no han caído y jamás caerán en la inmoralidad sexual mientras estén en el ministerio. Es más, ocho de cada diez no han tenido problema alguno con este asunto, lo cual, comparativamente hablando, sólo es la mitad del número de los miembros de la iglesia que tienen problemas similares. ¿Cuántos se han involucrado totalmente? Una encuesta realizada por le revista clerical *Leadership* [Liderazgo] halló que el 12% de los pastores había cometido adulterio.[1] Esto significa que 88% no lo ha hecho.

El enemigo sabe que los pastores reciben acometidas; sabe que son vulnerables y los ataca en sus puntos débiles.

Tales tipos de encuestas ni siquiera se hubieran soñado una generación atrás. Elmer Gantry realmente no se consideraba como el prototipo de ninguna otra cosa que no fuera una minoría marginal de los clérigos estadounidenses. Ahora las cosas han cambiado. He estado guardando recortes de las noticias en un archivo y no los había mirado hasta hace poco. Estoy consternado. Conté veintiséis artículos acerca de la inmoralidad sexual en clérigos conocidos; conozco personalmente a casi la mitad de ellos.

---

1. Consejo editorial de la revista *Leadership*, «How Common Is Pastoral Indiscretion?» [¿Cuán común es la imprudencia pastoral?], *Leadership*, Winter Quarter 1988, pp. 12,13. El dato «8 de cada 10» se sacó de las cifras reportadas en ese artículo.

Una artículo de primera plana en el *Los Angeles Times* rezaba: «Los casos de abuso sexual conmocionan a los clérigos: aumentan las revelaciones de mala conducta, un problema que ha estado escondido por años». Una columna de la cadena nacional de periódicos Prensa Asociada anuncia: «Los escándalos sexuales en el alto rango conmociona a las jerarquías».

Los evangélicos, los carismáticos, los fundamentalistas, los pentecostales, los liberales y los católicos romanos desearían poder señalar a otros, pero nadie está exento. En el grupo hay un obispo reconocido ampliamente como «evangélico». Un profesor de seminario. Un evangelista de televisión. Un popular héroe de los derechos civiles. Un pastor de una gran iglesia. Un escritor famoso. Un líder de misiones. Un teólogo de la liberación. Una persona negra y otra blanca. Uno de 25 años de edad y otro de 60. Un pastor de Massachusetts y otro de Arizona. ¿A dónde irá a parar esto?

¡Hablar de estas cosas me enoja mucho! No estoy disgustado con mis amigos que han caído, a pesar de que yo, juntamente con el resto del cuerpo de Cristo, he sido herido. Estoy enojado con el enemigo que creo se está saliendo con la suya con demasiada frecuencia en estos días. Por lo general no logramos reconocer la profundidad de la batalla espiritual que enfrentamos.

El enemigo sabe que los pastores reciben acometidas; sabe que son vulnerables y los ataca en sus puntos débiles. Esto no quiere decir que los que han caído no sean culpables y que no tienen defectos de carácter que necesitan reparar mediante la humildad, el arrepentimiento, la reconciliación, la restauración y la santidad. Pero espero y oro que podamos aprender a utilizar nuestras armas espirituales de manera efectiva para detener estos obvios y exitosos ataques del diablo.

LOS PASTORES NECESITAN INTERCESIÓN

Cada cristiano necesita intercesión. La niña de sexto grado que está aprendiendo lo que significa el SIDA necesita intercesión. El camionero que procura testificarle a sus amistades acerca de Jesucristo necesita intercesión. El corredor de la bolsa que lucha con los aspectos éticos de su última transacción necesita intercesión. La madre y ama de casa que cría a una familia de cuatro necesita intercesión. No deseo ignorar la necesidad de una mayor cantidad de ministerios de intercesión general.

Pero deseo promover el hecho de que los pastores y otros líderes cristianos necesitan más intercesión que los miembros ordinarios del cuerpo de Cristo. A primera vista esto podría sonar extraño y hasta arrogante, pero permítame proponerle cinco razones que corroboran que es cierto.

1. Los pastores tienen más responsabilidades y tienen que rendir más cuentas

La mayoría de nosotros, los líderes cristianos, sentimos escalofríos cuando leemos Santiago 3.1: «Hermanos míos, no os hagáis maestros muchos de vosotros, sabiendo que recibiremos mayor condenación».

Todos los cristianos comparecerán ante el juicio de Cristo, pero se les ha advertido previamente a los pastores y otros líderes de que hay otro patrón divino para juzgarlos a ellos. Uno para los «maestros» y otro para el resto.

En otras palabras, a los ojos de Dios un pecado es peor para un pastor que para otra persona. Por supuesto, el primer problema es el pecado mismo y eso podría ser igual para todos. Pero el segundo problema es la violación del *oficio*, lo cual es mucho más serio. Cuando un oficio como el de pastor o maestro (incluyendo a los profesores de seminario) ha sido otorgado por Dios y reconocido por la comunidad cristiana, es una grave ofensa quebrantar esa confianza.

2. Los pastores están más sujetos a la tentación

No se equivoque, mientras más avance en el liderazgo cristiano, más aumentarán los ataques de Satanás. Al diablo se le presenta como un león rugiente buscando a quien devorar. Si tuviera la posibilidad, devoraría a cada líder antes que a alguna otra persona. Y usará todas las armas en su arsenal para lograrlo.

Satanás usa al mundo (Efesios 2.1,2). Tienta a los pastores con el poder, el orgullo y la avaricia. El dinero y el poder se juntan con el sexo para convertirse en algunas de las carnadas más poderosas para los ministros. Hizo falta que los periodistas seculares reportaran sus investigaciones que revelan la avaricia entre los líderes cristianos y que algunos de nosotros no deseábamos enfrentar. Y creo que surgirán más noticias similares. El amor al dinero es la raíz de todos los males, y Satanás se ha introducido recientemente mucho más a menudo a través de ese punto.

Satanás utiliza la *carne* (Efesios 2.2,3). Ya se ha dicho bastante acerca del sexo. Satanás también pervierte la mente con la pornografía. La tentación de otros ministros ha sido caer en la glotonería o el abuso de los narcóticos y el alcohol.

Satanás también usa «*al diablo*» (1 Pedro 5.8; cf. Juan 13.17). Esto significa la demonización, los hechizos, las maldiciones y las artes mágicas. Pensar que los pastores sólo están sujetos al mundo y la carne, pero no al diablo, es en sí mismo un engaño satánico.

Es cierto que los cristianos en general están sujetos a todo lo anterior. Pero Satanás es más específico y persistente en sus intenciones cuando se ocupa de los pastores y otros líderes.

3. Los pastores son el objeto más común de la lucha espiritual

Ya se sabe que durante los últimos años los satanistas, las brujas, los brujos, los seguidores de la Nueva Era, los practicantes del ocultismo, los shamanes, los espiritistas y otros siervos de las tinieblas han convocado un pacto malvado para rogarle a Satanás que quebrante los matrimonios de los pastores y los líderes cristianos. La lucha espiritual se ha intensificado.

En mi libro *Oración de guerra* (Editorial Betania), distingo tres niveles de lucha espiritual: (1) guerra espiritual al ras del suelo, se trata del ministerio de echar fuera demonios; (2) guerra espiritual en el nivel del ocultismo, que involucra hechizos y maldiciones de los que practican las obras espirituales de las tinieblas; (3) guerra espiritual a nivel estratégico, que se relaciona con los principados y las potestades territoriales. Los tres niveles interactúan entre sí, pero la lucha es diferente en cada caso. Aquí me ocupo de la guerra espiritual a nivel del ocultismo o el nivel medio. Hacen falta intercesores especiales, particularmente los intercesores de guerra que mencioné en el capítulo anterior, para intervenir más efectivamente. Los otros intercesores hacen falta como refuerzos.

La lucha espiritual es un asunto de tal importancia que deseo asegurarme de que no creamos que esto es algo meramente imaginario. Tengo en mis manos correspondencia personal procedente de dos líderes cristianos muy respetados que se han expuesto personalmente a este proceso. Ellos nos ayudan a entender la realidad de la lucha a la cual hemos sido arrastrado.

El primer reporte viene de John Vaughan del Centro de Investigaciones Internacionales de Megaiglesias de la Universidad Bautista del Suroeste en Bolívar, Missouri. Desde hace muchos años conozco y respeto a John. Entre otras cosas es editor del *Journal of the North American Society for Church Growth* [Revista de la sociedad norteamericana para el crecimiento de iglesias]. El escenario de este reporte fue un vuelo de Detroit a Boston donde Vaughan debía impartir un seminario para pastores.

John no había conversado, y ni siquiera le había prestado mucha atención, con el hombre sentado a su lado hasta que lo vio inclinar su cabeza y mover sus labios como si estuviera orando. Cuando terminó, John le preguntó: «¿Usted es cristiano?» El hombre no sabía que Vaughan era cristiano y que era un pastor bautista, así como profesor universitario.

Pareció sorprenderse por la pregunta y dijo: «Oh, no. Se ha equivocado. No soy cristiano, ¡en realidad soy un satanista!»

John le preguntó acerca del contenido de sus oraciones como satanista. Él respondió: «¿Realmente desea saber?» Cuando John afirmó que sí, el satanista contestó: «Me ocupo primordialmente de la caída de pastores cristianos y sus familias en el área de Nueva Inglaterra». Le preguntó a John qué iba a hacer en Boston.

John dice: «Luego de una breve conversación acerca de mi ministerio y sus propósitos para el Reino de Dios, ¡él dijo que tenía que retornar a su trabajo!»

John Vaughan dice que ese encuentro le hizo percatarse de cuán esencial es la intercesión para los pastores. Me pregunto si los cristianos de Nueva Inglaterra invirtieron tiempo orando por sus pastores ese día. ¿Qué oración respondieron aquel día, la del cristiano o la del satanista?

Satanistas premiados. Bill McRae es el director de dos prestigiosas instituciones evangélicas cerca de Toronto, Canadá: El Colegio Bíblico y el Seminario Teológico ambos en Ontario. Anteriormente sirvió como pastor en la North Park Community Chapel en Londres, Ontario.

Reporta que cuando era pastor: «Nos llamaron la atención sobre un grupo de satanistas que adoraban en una iglesia en la ciudad de Londres con el compromiso de orarle a Satanás para que eliminara varios de los líderes evangélicos de la ciudad a través del quebrantamiento de sus matrimonios y sus familias. Durante ese verano el grupo celular en Londres recibió los honores de una convención satanista por tener tanto éxito y ser tan efectivo durante ese año».

¿Por qué ganaron el premio? McRae dice: «Durante el transcurso del año anterior lograron, a través de su oraciones a Satanás, eliminar cinco de nuestros principales hombres de los ministerios pastorales a través de la inmoralidad y el quebrantamiento de sus matrimonios».

Bill McRae dice que estuvo profundamente involucrado con uno de los pastores que estaba pasando una de estas desgraciadas y espantosas caídas del ministerio cristiano. Él dice: «Estábamos muy conscientes de la desesperada necesidad de oración, pero debo confesar, para ser franco, que ninguno nos percatamos de la realidad de la lucha satánica que sobrellevábamos hasta que terminó».

McRae también habla de un grupo de sus amistades que fueron a un restaurante en Londres y observaron una reunión de oración en una de las mesas en una esquina. Se presentaron como cristianos, pero las personas que oraban se identificaron rápidamente como miembros de la iglesia satánica de Londres. Admitieron (¿alardearon?) que esa noche específicamente habían estado orando a Satanás por la destrucción de cierto pastor. McRae dice: «Mencionaron su nombre, y él es muy buen amigo mío, y sirve en una de las principales iglesias de Londres. Una vez más confirmó la tenebrosa realidad de la batalla satánica en la cual estamos involucrados».

Keith Bentson, un veterano misionero en la Argentina, reporta acerca de la lucha espiritual en San Juan, Argentina. Esta ciudad es una fortaleza del ocultismo. La labor evangélica no está creciendo en ese lugar. Keith dice: «He escuchado acerca de cinco pastores que, durante los últimos dos o tres años, han estado enredados en inmoralidades. Como consecuencia, hay muchos cristianos en los alrededores de la ciudad que no asisten a ninguna iglesia porque perdieron su confianza en los líderes espirituales».

Los espíritus de la lujuria. Uno de los contactos más cercanos que tengo con los pastores es durante los cursos de dos semanas que imparto dos veces al año en un programa de Doctorado en Ministerio. En un curso reciente dije algo que parecía cómico. Tenía cincuenta pastores de diversas denominaciones y de distintas partes del país. Era un curso avanzado, así que todos habían estudiado conmigo anteriormente y por lo tanto me conocían. El primer día de clases les dije, como generalmente hago, que sus dos semanas no sólo sería un tiempo para aprender nuevo material, sino que también debía utilizarse como una oportunidad para que los pastores se sirvieran los unos a los otros y se acercaran más a Dios.

Los pastores necesitan más intercesión que los demás cristianos porque debido a la naturaleza misma de su ministerio tienen mayor influencia sobre otros.

Entonces mencioné que Doris, mi esposa, quien también es mi secretaria y con quien muchos de ellos ya habían conversado por teléfono, tenía un poderoso ministerio personal de oración por los pastores y que los había ayudado en gran medida. Comenté, como al descuido, que ella había obtenido excelentes resultados liberando a los pastores de los espíritus demoníacos de lujuria. Entonces dije: «iSi alguno de ustedes tiene problemas con la lujuria, vaya a ver a mi esposa!»

Mis palabras fueron tan inocentes y espontáneas que todos estallamos de la risa. Pero, ¿qué sucedió? iAl menos seis de ellos se citaron con Doris para realizar sesiones de liberación! Regresaron a sus hogares con un nuevo vigor sobre su vida. Varios nos escribieron o llamaron para relatarles a Doris cuán diferente y gozosas eran sus vidas a partir del momento en el que recibieron la liberación de esos asquerosos espíritus. Uno escribió: «Mi esposa y yo podemos orar juntos por vez primera desde que nos casamos».

Nada de lo que hemos dicho hasta este momento debe llevarnos a suponer que la demonización excusa a los pastores o a ninguna otra persona de sus responsabilidades morales. Con frecuencia, las raíces de la actividad de un espíritu de lujuria no se puede localizar en los «deseos de la carne» (1 Juan 2.16) o en pecados que necesitan identificarse y tratarse bíblicamente. Las partes integrales del proceso de liberación incluyen: (1) el reconocimiento personal y el odio al pecado; (2) un sincero deseo de abandonarlo; (3) una decisión a dar el primer paso de fe, por ejemplo, hacer una cita para ver a Doris; y (4) la confesión del pecado, por lo general, lo suficientemente detallado.

Esto cumple Santiago 5.16: «Confesaos vuestras ofensas unos a otros, y orad unos por otros, para que seáis sanados. La oración eficaz del justo puede mucho». En este caso la sanidad es espiritual. Se perdona el pecado primordial por la gracia de Dios, una vez que haya un sincero arrepentimiento, y se remueven con eficacia las bases legales para la subsiguiente actividad demoníaca. Una vez logrado esto, el espíritu demoníaco se puede eliminar con relativa facilidad. Sin una sincera humildad y arrepentimiento, el demonio permanece o regresa prontamente con refuerzos.

He tratado este tema de la guerra espiritual en detalles por dos razones: Primera, deseo asegurarme de que entendemos su realidad. Ciertamente no es el único motivo, pero no me sorprendería si fuera el principal de que tantos pastores hayan caído en la inmoralidad sexual.

Segundo, deseo que entendamos que el poder de Dios, liberado por medio de la efectiva e inteligente intercesión en el nombre de Jesús, es el principal remedio. Mi carga en este libro es explicar, tanto como sea posible, cómo puede liberarse este poder para reparar el daño ya hecho por el enemigo y prevenir futuros sucesos del mismo.

4. Los pastores tienen mayor influencia sobre los demás

La cuarta razón por la cual los pastores necesitan más intercesión que los demás cristianos es porque debido a la naturaleza misma de su ministerio tienen mayor influencia sobre otros. Si un pastor cae, más personas se hieren y se estancan espiritualmente que si alguna otra persona cayera. Es increíble la devastación que la reacción en cadena desata. Los cristianos fuertes se sienten aplastados por la hipocresía y la traición. Los cristianos débiles usan el ejemplo de la conducta del pastor como licencia para hacer lo mismo.

La caída de un pastor no sólo hiere a muchísimas personas, sino que también influye directamente en las iglesias. Mi interés en el crecimiento de la iglesia siempre se enfoca mucho en el pastor, porque tenemos evidencia de que este es el principal factor institucional para determinar el crecimiento o el estancamiento de una iglesia local. Satanás odia las iglesias que glorifican a Dios y extienden el Reino de Dios, y hace lo que pueda por hacerlas caer. No en balde concentra sus ataques sobre los pastores.

Pero, en el plan divino, las puertas del infierno no prevalecerán contra el avance de la Iglesia (Mateo 16.18). La intercesión por los pastores es un ingrediente importante para liberar el plan divino de manera que la iglesia logre implementarlo a plenitud.

5. Los pastores son más visibles

Debido a que los pastores están al frente, se encuentran siempre sujetos a los chismes y a la crítica. Cuando los miembros de iglesia tienen una cena dominical, el pastor y el sermón de la mañana son temas frecuentes de conversación. Las personas hablan acerca de lo bueno y también de lo malo. Al pastor lo observan con cuidado y eso no es ningún secreto. Con sólo saber esto, se pone una difícil carga sobre los pastores y ellos necesitan ayuda sobrenatural para resolver bien esa situación. La intercesión les abre el camino para recibir esta ayuda.

LA INTERCESIÓN MEJORA EL MINISTERIO

Probar o desaprobar el poder de la oración no es fácil de lograr a través de cualquier investigación. No obstante, Nancy Pfaff, una intercesora, consultora de crecimiento de iglesias y fundadora del Nevada Church Growth lo ha intentado. Ella preparó un método de investigación como proyecto de escuela graduada y entrevistó a ciento treinta pastores, evangelistas y misioneros. Los intercesores se prepararon a través de los Ministerios Iverna Tompkins en Scottsdale, Arizona. Accedieron a orar quince minutos al día por uno de esos líderes a través de todo el año.

Un ochenta y nueve por ciento de los entrevistados indicó que la oración provocó un cambio positivo en la efectividad de su ministerio. Reportaron más efectividad en el uso de sus dones espirituales particulares, un mayor nivel de respuestas positivas a su ministerio, más discernimiento y sabiduría de Dios, un aumento en la plenitud en Cristo, una mejora en sus actitudes, mayor evidencia del fruto del Espíritu, mejores vidas de oración y un aumento en su capacidad de liderazgo.

Las investigaciones de Pfaff también revelaron algunas variantes importantes. Halló que la oración diaria por los líderes era más efectiva que la semanal o mensual. Además, se mostró que la oración persistente era importante. Ella reporta: «Cuando los intercesores dejaron de orar por su líder asignado, después de unas semanas, los líderes indicaron que no hubo ningún cambio positivo en sus vidas o sus ministerios durante ese año».[2]

La intercesión también parece respaldar el crecimiento de la iglesia. Nancy Pfaff halló que de ciento nueve pastores cubiertos por la oración intercesora, sesenta por ciento indicó un crecimiento correspondiente en sus iglesias. Por ejemplo, un pastor de Pennsylvania testifica que durante el período experimental de un año su iglesia creció de quince a más de seiscientas personas. No en balde Pfaff dice: «Hay una tremenda reserva de poder de oración en cada iglesia que no se ha utilizado. Esta se puede afirmar, preparar y usar para ganar a los perdidos, para alentar a los desanimados,

---

2. Nancy Pfaff, «Christian Leadership Attributes Dynamic Increase in Effectiveness to the Work of Intercessors» [El trabajo de los intercesores incrementa en efectividad la dinámica de los atributos del liderazgo cristiano], *Journal of the North American Society for Church Growth*, 1990, p. 82.

restaurar a los "apóstatas" y aumentar la efectividad de los comprometidos».[3]

Cuando el conocido programa de Evangelismo Explosivo se expandía desde la Iglesia Presbiteriana Coral Ridge en Fort Lauderdale, Florida, Archie Parrish, quien en aquel entonces servía como director, realizó un importante descubrimiento. A pesar de que el programa estaba funcionando bien, introdujo una innovación. Hizo que cada iglesia participante enrolara dos miembros de la iglesia que no estaban fuera del programa de Evangelismo Explosivo para que oraran por cada obrero del programa, particularmente los martes por la noche cuando el programa estaba funcionando. El evangelista era responsable de realizar un reporte semanal a sus intercesores. ¡Cuando los intercesores oraban, se duplicaba el número de profesiones de fe en las iglesias que participaban en el programa!

Los pastores y los demás líderes cristianos son personas necesitadas. Pero son los elegidos de Dios para movilizar su Reino. La intercesión fiel e inteligente puede liberarlos para que sean todo lo que Dios desea.

PREGUNTAS DE REFLEXIÓN

1. Este capítulo sugiere que los pastores están «destruidos». ¿Por qué piensa que es cierto? Ejemplifique.
2. ¿Qué provoca que un pastor sea más responsable por su comportamiento moral que el cristiano común y corriente?
3. Analice los tres niveles de guerra espiritual mencionados en este capítulo y dé ejemplos de cada uno basados en su conocimiento o su experiencia.
4. Discuta la posibilidad de que espíritus malvados causen lujuria en la vida de un pastor. ¿Exime esto al pastor de su responsabilidad moral?

---

3. *Ibid.*, p. 83.

5. Si la intercesión mejora el ministerio pastoral, ¿qué sugerencias podría hacer para liberar más poder a favor de su pastor?

Capítulo cuatro

Secretos de la vida de oración de los pastores

CON ADMIRABLE FRANQUEZA, EL PASTOR BAUTISTA MARK Littleton dice: «Los miembros de la iglesia jamás se lo imaginarían, pero hay un segmento de la nobleza eclesiástica, incluyéndome a mí, para quienes la adoración personal (es decir, "los devocionales", "tiempos de meditación"), es una lucha. Primero, encontrar el tiempo. Las llamadas telefónicas por la mañana siempre parecen arruinar la comunión con Dios. O quizás sean los niños. O el dulce aroma del café en la cocina».[1]

Muchos miembros de la iglesia dan por sentado que su pastor, como líder espiritual, se pasa mucho tiempo a solas con Dios. Aman su iglesia y a su pastor y asumen que este

---

1. Mark K. Littleton, *Some Quiet Confessions About Quiet Time* [Algunas discretas confesiones acerca de los devocionales], *Leadership*, Fall Quarter, 1983, p. 81.

es «un hombre o una mujer de Dios». Pocos saben que uno de los asuntos principales en la lista de frustraciones pastorales es la brecha entre la vida de oración que los pastores saben que necesitan y el deseo que tienen, pero que al parecer no lo pueden poner en práctica en sus vidas.

Un pastor dice: «Yo, como la mayoría de las personas ocupadas, estoy abrumado por las presiones, las fechas límite, las llamadas telefónicas, las "emergencias" y así por el estilo. A veces pienso que el diablo trabaja horas extra sólo para resguardarme de la oración». Conociendo al diablo, creo que estas palabras ciertamente no son una exageración.

¿CUÁNTO ORAN LOS PASTORES?

Se han realizado varias encuestas acerca de la vida de oración de los pastores. Sin embargo, antes de reportar acerca de ellas, quiero asegurarme de que usted se percata de que es posible de que no me esté refiriendo a su pastor cuando cite los promedios. Su pastor podría ser uno de los que superan esos promedios. Es posible de que usted realmente no sepa dónde se encuentra su pastor porque muy pocos miembros lo saben. No es que él *quiera* que su vida pastoral sea un secreto, pero es así en la mayoría de los casos.

Cuando la revista *Leadership* [Liderazgo] realizó una encuesta de la vida de oración de ciento veinticinco pastores, la mayoría sentía que prácticamente no tenían apoyo humano alguno en sus vidas devocionales. Es como si hubiera un acuerdo mutuo para que no se hable acerca de esto en el templo.

Uno de los pastores encuestados dice: «Creo que los demás no piensan que mi vida devocional personal es importante». En los años que formó parte del personal de una iglesia en particular, dice: «Ninguna persona (incluyendo a mi pastor) me preguntó acerca de la salud de mi fe personal. Me sentí sin apoyo alguno en ese aspecto de mi vida».[2] La mayoría de los pastores encuestados tenían sentimientos similares.

Entrevisté personalmente a quinientos setenta y dos pastores estadounidenses a través de líneas denominacionales, regiones y por edades. Deseaba averiguar cuánto tiempo diario invertían los pastores en la oración. En esta encuesta no tuve en cuenta el estudio de la Biblia, la lectura de libros devocionales, escuchar música espiritual ni ningún otro componente de una vida devocional plena. Sólo me ocupe de la oración.

En mi encuesta hallé que:

- 57% oraba menos de 20 minutos al día.
- 34% oraban entre 20 minutos y una hora al día.
- 9% oraban una hora o más diariamente.
- El promedio general de tiempo invertido en la oración eran 22 minutos al día.

No hallé ninguna variación significativa en la edad, aunque los pastores mayores de 60 años parecían que oraban un poco menos que el resto. No encontré variación regional alguna. Sí me percaté de que podría haber una variación teológica significativa entre los pastores que se autoperciben como pentecostales/carismáticos. Estos reportan orar por períodos más extensos que los que se describen como liberales o evangélicos. Volveremos a este punto más adelante cuando discuta el asunto de la oración y el crecimiento de la iglesia.

La encuesta de la revista *Leadership* a la cual me referí, también halló que los pastores, oran más o menos veintidós minutos al día, así que este porcentaje parece ser consistente. Pero mi encuesta igualmente mostró que 28%, más de uno de cada cuatro, ¡oraba menos de diez minutos al día!

¿A qué podemos comparar esto? Las encuestas Gallop hallaron que 88% de los estadounidenses oran a Dios. De

---

2. Terry C. Muck, «10 Questions About the Devotional Life» [10 asuntos sobre la vida devocional], *Leadership*, Winter Quarter, 1982, p. 37.

ellos, un 51% ora diariamente. Pero no reportó la cantidad de tiempo invertida.

LAS ORACIONES DEL CLERO EN OTRAS NACIONES

Realicé encuestas similares en otras cuatro naciones. Hallé que:

- Los pastores australianos promedian unos veintitrés minutos al día en oración.
- Los pastores de Nueva Zelandia promedian unos treinta minutos al día.
- Los pastores japoneses promedian unos cuarenta y cuatro minutos al día.
- Los pastores coreanos unos noventa minutos al día.

En Corea, otra encuesta mostró que un 83% de los pastores, independientemente de la denominación, oran una hora o más todos los días. Uno de cada tres ora dos horas o más. El pastor Sundo Kim, uno de mis mejores amigos, cuya Iglesia Metodista Kwang Lim es una de las congregaciones más grande del mundo (más de cincuenta mil miembros en 1990), tiene un armario de oración construido en su estudio. Este contiene una almohada en el suelo para arrodillarse, una Biblia en un estante, una cruz, una pintura o dos en las paredes y más nada. Me dijo que se pasaba al menos una hora y media al día en ese armario.

Esa hora y media es mucho más de la hora o más que se pasa diariamente mientras dirige la reunión de oración que realizan antes del amanecer y el tiempo que invierte en grupos y en oración con individuos durante todo el día. Como muchos otros pastores coreanos, Kim también tiene una recámara y un baño, similar al de un motel, conectado a su estudio porque, regularmente, se pasa allí toda la noche del sábado ayunando y orando para el ministerio dominical.

Sus hábitos de oración son comunes entre los pastores coreanos.

¿ORAN LOS PASTORES LO SUFICIENTE?

Durante los últimos años he invertido bastante tiempo enseñándole a los pastores acerca del tema de la oración. Siempre que traigo el tema a colación, admiten con franqueza que saben que sus vidas de oración no son lo que deberían ser. A pesar de que algunos tienen hábitos de oración excelentes y que otros están satisfechos con sus veintidós minutos diarios, la mayoría no está satisfecha con eso.

El pastor Mark Littleton asevera hacer lo mejor que puede por proseguir una vida de oración consistente, «a pesar de toda enfermedad o pecado». Su irritación surge cuando dice: «Uno lo intenta cuando la televisión está encendida; cuando está apagada; en la casa; en la oficina; bajo los árboles del parque; en la cama; fuera de la cama. Uno se pasa una semana sin fallar y la próxima falla todos los días».[3]

Los libros y sermones acerca de la oración muestran una lista básica de héroes de la fe que tenían una vida de oración extraordinaria. John Wesley se levantaba todos los días a las cuatro de la mañana y se pasaba dos horas orando. Martín Lutero decía: «Tengo mucho que hacer hoy, tendré que pasarme las primeras tres horas orando, o el diablo obtendrá la victoria». Adoniram Judson se disciplinó para retirarse a orar siete veces al día. John Welch, de Escocia, el compañero de John Knox, se comprometió a orar de ocho a diez horas diariamente.

John Hyde, de la India, oraba tanto que le pusieron por sobrenombre: «Hyde, el que se la pasa orando». Henry Martyn, David Brainerd, George Muller, Robert Murray

---

3. Littleton, *op. cit.*, p. 81.

McCheyne, Hudson Taylor, George Fox y unos pocos más, se incluyen por lo general en esta lista de estrellas. Todos estos gigantes espirituales lograron grandes cosas por Dios, cosas que a la mayoría de los pastores contemporáneos les encantaría realizar. Pero si su éxito en el ministerio depende del sostenimiento de esa clase de vida de oración, la mayoría de los pastores que conozco simplemente se desanimarían.

La oración es la forma principal mediante la cual expresamos nuestro amor a Dios y recibimos el amor de Dios.

Nadie lo dice mejor que Mark Littleton. Él afirma que leer acerca de estas personas que exhalan oración: «Prácticamente nos anulan. A pesar de lo santo que era David Brainerd, uno se cansa un poco de escuchar que se pasaba seis horas orando sobre la nieve para luego levantarse todo mojado. Sin embargo, no se encontraba mojado por la nieve, ¡sino por el sudor!»[4]

Richard Foster se refiere a mí y a muchos otros cuando dice: «Muchos de nosotros nos desanimamos en lugar de sentirnos retados ante esos ejemplos».[5] Todavía recuerdo cuando leí la biografía de John Hyde cuando era un joven cristiano. ¡Me desalenté tanto cuando termine de leerla que creí que esa sería la última biografía cristiana que leería!

Pero basta de lamentarnos acerca de las condiciones actuales. Pocos negarán que los pastores y otros líderes cristianos en general necesitan mejores vidas de oración. El asunto radica en qué vamos a hacer en cuanto a ello. Creo que la respuesta es doble:

---

4. *Ibid.*
5. Richard J. Foster, *Alabanza a la disciplina*, Editorial Betania, Miami, FL, 1986.

- Primero, los pastores necesitan orar más a menudo.
- Segundo, los pastores necesitan aprender a recibir la intercesión.

En esta sección analizaré un poco la primera solución, luego usaré el resto del libro para lidiar con la segunda parte.

LOS PASTORES NECESITAN ORAR MÁS

Una de las cosas por la que no me ocuparé de las diversas razones por las cuales hay que orar, ni tampoco de las diversas metodologías de oración, es porque ese precisamente es el propósito de los libros acerca de la oración. No nos hacen falta recursos. La sección común y corriente en las librerías cristianas acerca de la oración contiene muchos títulos excelentes. Es cierto que estos quizás no se dirigen específicamente a la vida de oración del pastor, pero el principio general de una vida de oración disciplinada y favorable se aplica bajo cualquier circunstancia.

Sin embargo, a medida que ojeo la literatura creo que hay cuatro asuntos que vale la pena mencionar porque o no los tratan o, en mi opinión, lo hacen de manera inadecuada. Me refiero a los siguientes asuntos: (1) el tiempo, (2) la proyección de los dones, (3) el crecimiento de la iglesia, y (4) el ministerio personal.

EL ASUNTO DEL TIEMPO

¿Cuánto tiempo se debe invertir en la oración? ¿Cuánta importancia tiene el factor del tiempo?

Una forma fructífera de contestar estas preguntas es mediante la exploración de la esencia de la oración. Una vez eliminados todos los adornos, la oración se debe percibir básicamente como una relación. Es nuestra relación individual y personal con Dios el Padre. Cristo en la cruz facilitó la forma mediante la cual realizar esto. Derramó su sangre para la remisión del pecado, la transgresión que nos separa de Dios. Nuestros pecados son perdonados a través de Jesús y se restaura nuestro compañerismo con Dios. Entonces, y sólo entonces, cobra su verdadera forma la oración. Ahora amamos a Dios porque Él nos amó primero y pagó el precio para traernos a Él.

La oración es la forma principal mediante la cual expresamos nuestro amor a Dios y recibimos el amor de Dios. Es la expresión más exquisita de nuestra relación personal. Si podemos comprender que nuestra relación de amor con Dios se cultiva mediante la oración, podemos evaluar de manera más certera el valor del tiempo en la oración. Todo lo que conocemos acerca de las relaciones amorosas nos dice que el tiempo es esencial para que la relación crezca.

El requisito mínimo diario

Antes que todo, el momento de oración debe ser regular. El consenso entre los líderes cristianos que se han especializado en asuntos de oración, vida devocional, espiritualidad y liderazgo cristiano, es que debe haber un tiempo de oración diario. Ningún pastor debe permitir que pase un día sin apartar un tiempo específico para hablar con Dios, aparte de otras actividades.

Creo que es útil desarrollar el hábito de orar mientras nos duchamos, manejamos el auto, hacemos cola, lavamos los platos o al regreso del trabajo en el autobús. Pero cuando me refiero a un tiempo de oración diario, se trata de la programación de períodos para Dios en nuestros calendarios y nuestras agendas. No debe pasar un solo día sin que el cristiano incluya la oración en su calendario. Esto es particularmente cierto en el caso del calendario pastoral.

Pensar que algunos días de nuestra agenda está demasiada ocupada como para darle tiempo a Dios es tomar una decisión con implicaciones bastante profundas. Nadie tiene más tiempo que nadie: veinticuatro horas al día. Nuestras prioridades personales determinan cómo debemos utilizar ese tiempo. Generalmente los pastores tienen mayor control de sus planes diarios que la mayoría de las personas que trabajan en otras profesiones.

Estoy consciente de que algunos pastores creen que su agenda los controla, pero esto se debe a que no están administrando bien su tiempo y no a la naturaleza de la vocación pastoral. Esto significa que si sentimos que no podemos planificar un tiempo diario con Dios, necesitamos admitir que nuestra relación con Él no ocupa un lugar muy alto entre nuestras prioridades personales. De ser cierto, le puede estar aguardando un desastre espiritual a la vuelta de la esquina.

No hace mucho tiempo atrás estaba conversando con un amigo acerca de nuestras familias. Él dijo: «Después de estar casado muchos años, uno comienza a dar algunas cosas por sentado. Por ejemplo, yo todos los días no le digo a mi esposa que la amo, ella lo sabe y lo ha sabido por años». No creí que era apropiado responder en ese momento, pero en mi mente decía: «¡Yo sí!»

Trato de expresarle a mi esposa, al menos una vez al día, que la amo, a pesar de que llevamos más de cuarenta años de casados. En mi opinión, algunas cosas, tales como mi relación amorosa con mi esposa y Dios, son demasiado importantes como para darlas por sentado. Trato de mantenerlas entre mis prioridades más importantes.

Me imagino que algunos dirán que uno no debe ser tan legalista. Dios es un Dios de gracia y no un Ser legal, y mantendrá su relación con nosotros en base a su propia iniciativa, ya sea que planifiquemos o no un momento diario de oración. Estoy de acuerdo con la teología de la gracia de Dios, y el legalismo crónico no es una de las características de mi estilo de vida cristiano. Pero debo decir que, en lo relacionado con este asunto del tiempo con Dios, de errar, espero equivocarme del lado legalista y no del lado de la indulgencia excesiva.

Una vez más me agrada la manera que tiene Mark Littleton para decirlo: «Tengo que preguntarme, ¿acaso son realmente esenciales todas las actividades que demandan mi tiempo en los EE.UU. del siglo veinte? ¿Acaso estoy

ignorando la zarza ardiendo por mantener la hierba corta-
da?»[6]

Debe invertir suficiente tiempo

El componente más esencial de la vida de oración de un
pastor es el tiempo diario de oración. Otra consideración
importante es la cantidad de tiempo invertida en cada
sesión de oración. En lo personal, soy menos legalista en
cuanto al factor del tiempo aunque puedo decir con entera
confianza que, como principio general, *mientras más tiempo se invierta diariamente en la oración, mejor*.

Me he percatado de que casi todos los pastores que
conozco y que tienen la verdadera intención de profundizar
su relación personal con Dios, concuerdan con esto. Los
argumentos que he escuchado en contra de esto me hacen
sospechar de sus proponentes. Estos muy a menudo parecen racionalizaciones creadas para justificar una vida devocional mediocre que, ya en ese momento, ha llegado a ser
una manera de vida.

¿Cuáles son los promedios de tiempo? Es probable que
veintidós minutos al día se considere como el mínimo en
nuestro contexto cultural (¡que no es coreano!). Las ocho
horas de John Welch, las tres de Lutero, o las dos de Wesley,
quizás están más allá del alcance de los pastores estadounidenses contemporáneos.

Para comenzar, recomendaría que, de estar orando
menos de veintidós minutos al día, procure hacer de esto
su meta inmediata. Una vez logrado, ¿qué vamos a hacer?

El libro de Larry Lea, *¿Ni tan solo una hora?*, me ha
impactado mucho. Creo que Lea ha sido el mejor contex-
tualizador del movimiento de oración coreano en la sociedad estadounidense. Presenta un caso sumamente fuerte
para que dispongamos de una hora al día.

Otra autoridad acerca de la intercesión, de la cual he
aprendido mucho, es el pastor Mike Bickle de La Hermandad

---

6. Littleton, *op. cit.*, p. 82.

Metro Vineyard, en Kansas City. Mike concuerda con Larry Lea en cuanto a disponer de una hora al día. La encuesta de ciento veinticinco pastores, de la revista *Leadership*, que cité anteriormente, preguntó: «¿Cuánto tiempo al día cree que *debería* pasar orando?» Más de la mitad (53%) dijo que de 30-60 minutos y más o menos la mitad del resto (24%) dijo que más de una hora.[7]

En vista a los resultados de esta encuesta, le sugiero a los pastores, y a otros líderes cristianos, que concuerden con el hecho de que nuestra norma para el tiempo de oración diario sea de un mínimo de veintidós minutos al día con miras a una hora diaria.

Pero, ¿qué de la *calidad* de nuestro tiempo con Dios? ¿Acaso no es la calidad más importante que la cantidad?

Sugiero lo siguiente: Es mejor comenzar con cantidad en lugar de calidad en los momentos de oración diaria. Primeramente, programe el tiempo. Por lo general, le seguirá la calidad. Mike Bickle dice que uno no debe sorprenderse si cuando uno comienza a invertir una hora al día en oración, terminemos con cinco minutos que valgan la pena. Continúe y esos cinco se convertirán en quince, después en treinta y así sucesivamente. Por supuesto, lo ideal sería terminar con cantidad y calidad y no sólo una o la otra.

Nuestra sociedad, una generación que ha combinado a los padres trabajando, altos índices de divorcios y familias con un solo padre, ha reducido la cantidad de tiempo que los padres pueden pasar con sus hijos. Para compensar, han desarrollado el concepto de relacionarse con ellos en términos de calidad de tiempo y no necesariamente en cantidad. Los estudios sicológicos infantiles ya han mostrado que la «calidad» del tiempo no es un sustituto para la cantidad. Una de las principales prioridades de estos niños, que ahora se convierten en padres, es retornar a una manera de vivir en la cual puedan pasar bastante tiempo con sus hijos. Creo que el mismo principio podría aplicarse a nuestro tiempo con nuestro Padre celestial.

7. Muck, *op. cit.*, p. 34.

EL ASUNTO DE LA PROYECCIÓN DE LOS DONES

A propósito, no hablo mucho acerca del síndrome de la proyección de los dones en mis seminarios o en mis clases. Esto se debe, primordialmente, a que a menudo resulta doloroso para algunos líderes descubrir que están inconscientemente involucrados en ello. Me ocupé de esto en mi obra *Your Spiritual Gifts Can Help Your Church Grow* [Sus dones espirituales pueden ayudar al crecimiento de su iglesia], y muchos lectores han comentado que fue una de las secciones más útiles para ellos. Les ayudó a eliminar algunos falsos sentimientos de culpabilidad que habían desarrollado.

A medida que realizaba las investigaciones necesarias para este libro, sentí a Dios decirme claramente que aquí también debería incluir una breve sección acerca de la proyección de los dones. Estoy orando para que lo que diga en relación a este tema y su vínculo con la oración intercesora no ofenda a muchos de los líderes que han estado enseñando acerca de la oración y la intercesión; aunque sé que será contrario a algunas de las cosas que han estado enseñando. Por otro lado, también sé que liberará a muchas personas para que sean lo que Dios desea, en lugar de ser lo que otras personas piensan que ellos deben ser.

¿Qué es la proyección de dones?

Algunas personas, que generalmente sirven con poder en cierta área porque se les han otorgado los dones espirituales para hacerlo, no se percatan de que el poder que ven con regularidad en su ministerio se libera a través de un *charisma* o don espiritual. No se les ocurre que a pesar de que Dios ha decidido otorgarles ese don en particular, Él también ha decidido otorgarle otros dones a otros miembros del Cuerpo de Cristo.

Gran parte de esta falta de entendimiento se basa en la noción, que sostienen muchos pentecostales clásicos, así como muchos otros, de que a los creyentes que poseen apropiadamente la plenitud del Espíritu Santo, se les han dado todos los dones espirituales. Algunos también limitan la cantidad de dones espirituales a los nueve que se encuentran en 1 Corintios 12, en lugar de considerar como legítima toda la lista de veintisiete mencionada en el segundo capítulo. Este punto de partida fácilmente nos llevará a la proyección de los dones.

Imposición de la falsa culpabilidad

El mensaje que se escucha frecuentemente es: «Soy un cristiano común como usted. Dios no me ha otorgado ningún privilegio especial. Él desea hacer con usted lo mismo que hace conmigo. Si realmente lo desea, podrá realizar el mismo ministerio poderoso que yo, porque Jesús es el mismo ayer, hoy y para siempre. Le insto a que, juntamente con otros cristianos, se decida a hacer lo que sea para que con la ayuda de Dios también pueda realizar el ministerio que estoy haciendo».

El resultado de la proyección de los dones espirituales sobre otros, a quienes se les ha otorgado dones diferentes a pesar de las intenciones contrarias a ello, son los sentimientos de falsa culpabilidad, el desánimo y la frustración. La culpa es falsa porque las personas que no tienen ese don en particular tratarán de hacer lo mismo que hacen los que tienen el don, y se darán cuenta de que no pueden hacerlo. Así que, ¿a quién le echan la culpa?

- ¿Acaso no soy lo suficientemente consagrado?
- ¿Acaso tengo algún pecado sin confesar?
- ¿Acaso soy indigno del amor divino?
- ¿Acaso está Dios enojado conmigo?
- ¿Acaso no estoy orando lo suficiente?
- ¡Si pudiera consagrarme tanto como este gigante espiritual, a quien estoy escuchando, sería capaz de igualarlo en su efectividad en el ministerio!

No voy a citar nombre alguno en este momento. Pero podría mencionar a personas muy conocidas en la comunidad cristiana que regularmente proyectan el don de la evangelización, la hospitalidad, la sanidad, la palabra de sabiduría, el discernimiento de espíritus, la misericordia, la fe, las misiones, etc.

Otra proyección común es la del don de la intercesión, y por eso es que he traído el tema a colación. Los héroes históricos de la fe, como John Hyde, John Welch, David Brainerd y Adoniram Judson, obviamente tenían el don de la intercesión. Pero, así mismo lo tiene este pastor de nuestra generación que dice pasarse de tres a cinco horas al día en oración, a quien escuché decir en público: «¡Si el Reverendo fulano orara tanto diariamente como yo, su iglesia sería tan grande como la mía!»

Los que tienen el don de la intercesión, que animan a otros a ser más semejantes a ellos, harían bien en repasar la enseñanza paulina en 1 Corintios 12—14. ¿Acaso tienen todos el don de la sanidad? Obviamente no. ¿Acaso todos realizan milagros? Obviamente no. ¿Acaso tienen todos el don de la administración? Obviamente no. ¿Acaso tienen todos el don de la ayuda? Obviamente no. ¿Acaso tienen todos el don de la intercesión? Obviamente no. (Véase 1 Corintios 12.17-30.) Si todos tuviéramos un don, incluyendo el de la intercesión, el cuerpo sería un ojo. El apóstol Pablo dice: «Si todo el cuerpo fuese ojo, ¿dónde estaría el oído? Si todo fuese oído, ¿dónde estaría el olfato? Mas ahora Dios ha colocado los miembros cada uno de ellos en el cuerpo, como Él quiso» (1 Corintios 12.17,18).

Uno de los principales propósitos del Reino de Dios es la multiplicación y el crecimiento de las iglesias cristianas, y sabemos que la oración es un instrumento primordial para que los propósitos de Dios se hagan realidad.

Voy a repetir lo que dije en el segundo capítulo. Aunque Dios le ha dado el don de la intercesión a algunos y no a otros de acuerdo con su plan, Él nos ha otorgado a cada uno la *función* de la oración y la intercesión. Todos debemos orar y crecer en nuestra vida de oración. Pocos pastores tienen el don de la intercesión y no puede esperarse que oren de dos a cinco horas al día como lo hacen los intercesores. Pero todos tienen la *función* de la oración y la intercesión y, al realizarla, pueden y deben orar entre veintidós minutos a una hora al día sin sentirse culpables por no orar más tiempo.

EL ASUNTO DEL CRECIMIENTO DE LA IGLESIA

Se desconoce la relación que existe entre la oración y el crecimiento o el estancamiento de las iglesias. Se sabe mucho de la relación indirecta porque Jesús dijo: «Edificaré mi iglesia», y lo ha estado haciendo por casi dos mil años. Uno de los principales propósitos del Reino de Dios es la multiplicación y el crecimiento de las iglesias cristianas, y sabemos que la oración es un instrumento primordial para que los propósitos de Dios se hagan realidad. Es indudable que el extraordinario crecimiento de las iglesias que hemos visto en algunas partes del mundo se debe en gran parte a la oración.

Sin embargo, no hay mucho material en la literatura acerca de la oración o el iglecrecimiento que muestre cómo en realidad se realiza la conexión y, particularmente, qué estrategias podemos desarrollar para procurar que el poder de la oración ayude a las iglesias a crecer con más rapidez de lo que ya lo están haciendo en algún momento o lugar dado. Algunos de los experimentos que hemos dirigido en la Argentina se reportaron en mi primer libro de esta serie titulada «Guerrero de oración», *Oración de guerra*. A través de los mismos hemos comenzado a ver que la intercesión a nivel estratégico y la guerra espiritual pueden ayudar al crecimiento de las iglesias. Espero entrar en más detalles sobre ese asunto en el tercer libro, que le sigue al presente.

Mientras tanto, la encuesta de quinientos setenta y dos pastores estadounidenses que mencioné no nos ofreció lo que llamaría conclusiones científicas, pero al menos son pistas. Cuando miramos al mundo contemporáneo, nos impresionamos inmediatamente porque la inmensa mayoría del crecimiento de las iglesias se encuentra en las tradiciones pentecostales/carismáticas. Las estadísticas provistas por David Barrett indican lo siguiente:

- En 1965 habían 50 millones de pentecostales/carismáticos.
- En 1975 habían 96 millones.
- En 1985 habían 247 millones.
- En 1991 habían 392 millones.

Aunque no pretendo ser un historiador profesional, creo que la siguiente aseveración estaría en lo correcto: *En toda la historia humana jamás ha habido un movimiento humano apolítico, no militarista y voluntario que haya crecido tan rápidamente como el movimiento pentecostal/carismático lo ha hecho en los últimos treinta años.*

Examinemos sólo una de las denominaciones, las Asambleas de Dios, por ejemplo. Aunque la denominación ha existido por varias décadas antes de la Segunda Guerra Mundial, su vigoroso crecimiento mundial no comenzó hasta después de la misma. En los últimos cuarenta años, más o menos, ha crecido hasta llegar a ser la mayor o la segunda denominación en más de treinta países del mundo. En una sola ciudad, São Paulo, Brasil, ¡hay más de dos mil cuatrocientas iglesias de esa denominación!

En casi cualquier área metropolitana del mundo, donde haya apertura hacia el cristianismo y a nuevas iglesias, las principales iglesias generalmente son pentecostales o carismáticas. Tengo una lista de veinte iglesias en el mundo que tienen más de veinte mil miembros. De estas, catorce son pentecostales o carismáticas.[8]

¿Cómo se relaciona esto con mi encuesta? Como mencioné anteriormente, la variante significativa que encontré en la cantidad de tiempo que los pastores estadounidenses invierten en la oración se relacionaba a los pastores pentecostales y/o carismáticos. Cuando se desglosa la información en base a las tradiciones teológicas, vemos lo siguiente:

- Los pastores liberales promedian unos dieciocho minutos al día.
- Los pastores evangélicos promedian unos diecisiete minutos al día.
- Los pastores pentecostales/carismáticos promedian unos cuarenta y seis minutos al día.

Estados Unidos es una de las naciones donde las iglesias pentecostales/carismáticas están creciendo mucho más que el resto. Esto, por supuesto, no aplica necesariamente a las iglesias individuales como tales, sino a las estadísticas generales. ¿Será posible que los pastores de esas iglesias apartan más del doble del tiempo para la oración diaria de lo que hacen los pastores de las iglesias que crecen más lentamente tenga algo que ver con su vigoroso promedio de crecimiento?

De ser así, esto podría señalar hacia otro beneficio que podría recibirse bajo la bendición de Dios a medida que los pastores procuran exceder esos veintidós minutos a una hora al día.

---

8. Para mayores detalles acerca del crecimiento entre las iglesias pentecostales/carismáticas, vea Stanley M. Burgess y Gary B. McGee, editores, *Dictionary of Pentecostal and Charismatic Movements* [Diccionario de los movimientos pentecostales y carismáticos], Zondervan Publishing House, Grand Rapids, Michigan, 1988, pp. 180-195; 810-829.

EL ASUNTO DEL MINISTERIO PERSONAL

Oro para que este capítulo, que ha sido muy franco y sincero, Dios lo use Dios para que miles de pastores se acerquen más a Él. Confío en que así será.

Recibí una palabra de aliento de un pastor con el que almorcé poco tiempo después de realizar esta encuesta. Me dijo que la parte más significativa de nuestra conversación fue descubrir lo que estaba aprendiendo acerca de la oración. Escribe: «Después de escuchar que el promedio de tiempo de oración de los pastores era veintidós minutos y lo que Dios está haciendo en respuesta a las oraciones de su pueblo alrededor del mundo, me he propuesto pasarme dos horas al día orando». Dice que desde que comenzó esto: «He sentido la presencia y el poder del Espíritu Santo de una nueva manera en mi vida y en mi ministerio».

Ahora la mayoría de los pastores tienden a ser activistas. Nos podemos identificar fácilmente con Josué peleando en la batalla de Refidim. Lo que necesitamos aprender, en mayor medida, es cómo Dios puede traer a nuestras vidas y ministerios personas que, como hizo Moisés por Josué, se pasen horas y días en la presencia divina a favor nuestro para que su poder fluya sin obstáculo alguno para darnos la efectividad que deseamos en nuestro ministerio personal.

PREGUNTAS DE REFLEXIÓN

1. ¿Le ha molestado descubrir que hasta los pastores tienen dificultades para establecer una buena vida de oración? ¿Por qué?
2. ¿Cree que es demasiado legalista sugerir que los cristianos comunes y corrientes establezcan un tiempo diario para orar?
3. ¿Cómo se siente en cuanto a la sugerencia de que el primer paso para mejorar la vida de oración es concentrarse en la cantidad de tiempo, asumiendo que la calidad habrá de seguirla?

4. La «proyección de los dones» es un concepto difícil de entender. Discútalo hasta que crea entenderlo. ¿Por qué es peligroso?
5. ¿Sabe cuánto ora su pastor todos los días? ¿Cree que debe considerarse como información privada? ¿Por qué?

Capítulo cinco

La intercesión personal que se recibe

L A ASEVERACIÓN QUE VOY A REALIZAR SONARÁ ALGO RARA al principio.

¡Mi vida de oración es de primera clase! Mi hábitos de oración son mediocres.

Esto parece extraño, por supuesto, porque ¿cómo es posible que sea así? ¿Cómo puedo tener hábitos mediocres de oración y todavía tener una vida de oración de primera clase?

Mi respuesta es directa: He aprendido a recibir la intercesión personal.

¿HÁBITOS MEDIOCRES DE ORACIÓN?

Cuando señalo que mis hábitos de oración son mediocres, lo menos que puedo decir es que ahora son mejor de lo que solían ser.

No crecí en un hogar cristiano donde la iglesia, la Escuela Dominical, la oración y la Biblia fueran parte normal de la vida. Renací cuando salí de mi casa y me convertí en un cristiano comprometido. Parte de mi preparación básica como cristiano provino de la *Intervarsity Christian Fellowship*, donde aprendí que un aspecto del patrón de conducta que se espera de un cristiano era tener un «tiempo devocional» diario. Me explicaron lo que era y comencé a realizarlo. Debido a que siempre se me ha hecho posible ejercer bastante disciplina propia, mantuve ese hábito por muchos años, como diría Mark Littleton: «A través de enfermedad y pecado». Perseveré en los devocionales diarios durante mis estudios en el seminario y mis tres períodos como misionero en Bolivia.

Si alguien me hubiera preguntado, en uno de esos momentos cuando me encontraba en un estado de ánimo bastante sincero, hubiera admitido que realizaba el devocional simple y llanamente porque era mi deber. También me cepillaba los dientes, tomaba mis vitaminas, me recortaba el cabello y me cambiaba la ropa interior regularmente. Era parte de lo que hacían los cristianos respetables. Aunque no recuerdo ningún sentimiento bueno en particular mientras lo hacía, uno se sentía bien porque lo había hecho.

Entonces, a los cuarenta años de edad, se produjo un cambio profesional en mi vida que me llevó del campo misionero en Bolivia hasta las aulas del seminario en Pasadena, California. También, en cierta medida, fue una crisis personal a pesar de que no estoy autodirigiendo mucho el sicoanálisis. Pero parte de lo que me sucedió fue que, luego de haber estado de vuelta en los EE.UU. por un par de años, decidí abandonar el tiempo devocional. Llegó a ser tan seco y rutinario que pensé sería mejor echarlo a un lado. Así que por varios años simplemente me levanté, tomé mi desayuno y salí a trabajar sin apartar tiempo alguno para Dios, como promoví de manera tan fuerte en el capítulo previo.

¡Esa fue una terrible decisión! A medida que pasaban los años me convencía cada vez más de que las cosas no me iban mejor sin un momento regular de oración. Mis clases iban bien, mi ministerio era bastante bien aceptado y mi carrera estaba avanzando satisfactoriamente. Pero siempre parecía estar en medio de una enorme cantidad de problemas y polémicas. Avanzar era una lucha continua. Comencé a sufrir de alta presión arterial y continuos dolores de cabeza. Debido a que sólo estaba en contacto a medias con el Señor, no tenía las nociones espirituales necesarias como para percatarme de que había caído en el hábito de hacer muchas cosas en la carne en lugar de hacerlo en el Espíritu.

Estoy seguro de que fue la dulce, pero insistente, motivación del Espíritu Santo la que comenzó a despertarme y darme cuenta de que necesitaba retornar a un tiempo diario con Dios. Pero una cosa es saber que debía hacerlo y otra es llegar a implementarlo. Quería comenzar algo nuevo, pero tampoco deseaba caer de nuevo en la misma rutina árida a través de la cual me había obligado por tantos años.

EL SERMÓN DEL *READER'S DIGEST*

Paul Cedar, mi pastor, vino al rescate. Un domingo por la mañana, a principios de la década del ochenta, le dijo a la congregación que iba a hacer algo que jamás había hecho anteriormente y que probablemente jamás lo volvería a hacer. Como parte de su mensaje matutino acerca de la oración, iba a leer todo un artículo del *Reader's Digest*. Por cierto que era un artículo acerca del tiempo a invertir diariamente con Dios.

Estoy seguro de que muchos otros, entre las dos mil personas en la congregación, sintieron el impacto del sermón del *Reader's Digest*, pero mi preocupación principal era cómo debía implementar lo que sabía que tenía que hacer tarde o temprano. Al final del sermón, Paul Cedar me hizo un enorme favor.

Paul dijo: «Sé que algunos de ustedes no han estado realizando su devocional regular y mi oración es que comiencen esta misma semana. No voy a invitarlos a que levanten sus manos, sino que voy a pedirles, como su pastor, que hagan una promesa en su corazón. Voy a pedirles que me prometan darle cinco minutos a Dios empezando esta misma semana».

¿Cinco minutos? Sinceramente no sé qué hubiera hecho si hubiera dicho treinta minutos o una hora, pero dije en mi corazón: «Pastor Paul, puedo controlar cinco minutos al día. ¡Tienes mi promesa de que así lo haré!»

Y así mismo lo hice. La mañana siguiente me pasé cinco minutos muy especiales con Dios. Los cinco pronto se convirtieron en diez. Más tarde quince. El tiempo continuó incrementándose. Entonces se detuvo, ¡en unos veintidós minutos al día! Eso fue antes de que realizara la encuesta mencionada en el capítulo anterior, donde me percaté que veintidós minutos era el promedio. Los veintidós minutos quizás no sea mucho, pero es mejor que nada.

VELAR UNA HORA

Estaba involucrado en los veintidós minutos de oración diaria cuando comencé a investigar la oración en 1987. Uno de los primeros libros que leí fue *¿Ni tan solo una hora?* de Larry Lea. En esa obra el autor presenta unos argumentos tan persuasivos para orar una hora al día que procuré establecerlo como meta personal. Ahora, tres o cuatro años después, puedo decir que abandoné los veintidós minutos; estoy invirtiendo más de treinta minutos al día y con frecuencia lo hago por cuarenta. Pero, ¿una hora? Todavía es una meta en mi vida y es posible que algún día llegue a alcanzarla. ¡Una hora es mucho tiempo de oración!

Jamás olvidaré la primera vez que oré durante una hora. Esto fue en los años setenta durante mi árido período de oración. De vez en cuando visitaba Corea para realizar unas investigaciones acerca del crecimiento de las iglesias y me había hecho amigo de Paul Yonggi Cho, pastor de la Iglesia del Evangelio Completo Yoido, la congregación más grande del mundo. En una de las visitas, Cho me ofreció llevarme a la famosa montaña de oración Yoido.

Debido a que nunca había visitado la montaña de oración, aproveché la oportunidad, alegrándome de antemano de esa excursión personal. Cuando llegamos, me preguntaba cuándo comenzaría la excursión. Pero a Cho se le ocurrió decir: «¡Ahora vamos a orar!» ¿Orar? Prefería caminar y tomar fotografías de la montaña de oración, pero, naturalmente, no expresé mi sorpresa. Entonces dijo: «No tenemos mucho tiempo. ¡Esta tarde sólo vamos a orar por una hora!»

Deseaba cooperar, así que me senté en el suelo de la enorme capilla (estilo coreano) y comencé a orar. Oré por mucho tiempo. Después miré mi reloj. ¡Pensé que mi reloj se había detenido! Esa fue una de las horas más largas que pueda recordar. ¡El tiempo pasó más rápido cuando mi esposa estaba a punto de dar a luz!

Pero Larry Lea parecía saber que necesitaba ayuda especial para extender mi tiempo de oración. Sugiere (lo que descubrí que tenía una larga historia en la tradición cristiana) que uno estructure los períodos de oración personal alrededor del Padrenuestro. Esto me da buenos resultados, porque cuando uno *ora* el Padrenuestro, en lugar de *recitarlo*, uno ya tiene una estructura preparada para cubrir todas las posibles necesidades de oración.

La estructura me resulta importante porque tengo una mente muy sistemática. Cuando oro, mi principal distracción no es el sueño, que de paso, sé que es la principal distracción para otros. Por lo general no soy una persona dormilona. Es precisamente lo contrario. Mi principal distracción es una mente que divaga. Aunque se supone que esté orando, de pronto me percato de que estoy distraído. Algunas veces puedo racionalizarlo suponiendo que eso es lo que Dios desea que haga en ese momento, pero no siempre da resultados.

Recuerdo una mañana que mientras oraba comencé a recordar un juego de baloncesto de los Lakers de Los Ángeles que había visto por televisión la noche anterior. Y sabía que no podía ser Dios porque ¡los Lakers perdieron! Hablando seriamente, cuando mi mente divaga, la estructura del

Padrenuestro me ayuda a saber con exactitud dónde tengo que continuar cuando me distraigo.

Bueno, basta de mis hábitos mediocres de oración. Estoy tratando de mejorar y sé que Dios me ayudará en esa tarea. Pero, mientras tanto, todavía afirmo tener una vida de oración de primera clase porque añado a mi oración personal la de mis intercesores. Creo que las oraciones de mis intercesores son una parte real y vital de mi vida de oración.

CÓMO DESCUBRIR LA INTERCESIÓN

Comencé a descubrir el poder de la intercesión personal poco después de comenzar a enseñar, en 1982, mi clase de Escuela Dominical, La Fraternidad de 120 de la Iglesia Congregacionalista de Lake Avenue. Esto no fue premeditado, sino que más bien ocurrió debido a la química espiritual de la situación.

Jamás dudé la autoridad de la Escritura, así que jamás dudé del poder de la oración. Sólo luego de que los primeros meses de la nueva clase se convirtieron en años comencé a comprender lo que estaba sucediendo. Por vez primera, que recuerde, me encontraba en medio de un grupo de personas que apoyaban mi ministerio, así como mi vida personal, a través de poderosas oraciones intercesoras.

Eso no quiere decir que otros no me habían apoyado en el campo misionero o que fueran cristianos que no oraban. Pero algunas de las personas con las que me asociaba tenían un contacto con el mundo invisible del cual conocía muy poco.

Comencé a darme cuenta de algunas cosas cuando se formó un nuevo patrón. De manera un tanto esporádica, pero con bastante regularidad, las personas se me acercaban en los seminarios pastorales que realizaba a través del país y me decían cosas como esta: «Le escuché hace unos años atrás y ahora le oigo de nuevo. Su ministerio tiene una obvia calidad y profundidad que no tenía anteriormente. ¿A qué se debe esto?»

Al principio pensé que los comentarios eran frívolos. Pero comencé a escucharlo con suficiente frecuencia como para llevarme a evaluar la situación. Ciertamente hallé un aumento en el poder espiritual de mi enseñanza. Tenía bastante experiencia con presentaciones públicas como para percatarme de que lo que decía estaba conmoviendo a las personas de manera más profunda. Y, era extraño, gran parte del contenido no variaba mucho del material que había utilizado con anterioridad.

Al principio no me percaté de que esto se debía a la intercesión, pero entonces comencé a reportar los resultados de mi ministerio a la clase los domingos por la mañana y a pedirles que oraran por mi ministerio de la próxima semana. Muchas personas en la clase se conmovieron tanto con lo que Dios había hecho a través de mi persona durante la semana, que me percaté de que consideraban mi ministerio como suyo. Se gozaban cuando me gozaba y lloraban cuando me afligía porque, mediante su fiel intercesión a mi favor, ellos también realizaban el ministerio conmigo.

Rápidamente aprendí a cómo responder cuando las personas me preguntaban acerca de la mejoría en mi ministerio. «Lo atribuyo al poder de la oración mediante los que interceden por mí», respondía.

Así fue que comencé a experimentar el poder y los efectos de la intercesión personal, lo que después me llevó a una completa investigación de las teorías bíblicas, teológicas y prácticas que explican el porqué es cierto.

LA INTERCESIÓN PERSONAL ES BÍBLICA

En el primer capítulo intenté presentar la evidencia bíblica para la intercesión personal. No pretendo repetirla en este momento, pero voy a repasar brevemente algunos de los puntos. La oración de Moisés por Josué, mientras luchaba y ganaba la batalla de Refidim, es un hermoso modelo. El apóstol Pablo pide la intercesión personal para sí y su ministerio al menos cinco veces. Evodia y Síntique quizás fueron dos de los compañeros de oración de Pablo.

Herodes decidió matar a Jacobo y a Pedro. Logró matar a Jacobo. pero no a Pedro porque, según se nos dice: «La iglesia hacía sin cesar oración a Dios por él» (Hechos 12.5). Se oraba en casa de María, la madre de Marcos, y no me sorprendería si María fuera una de las compañeras de oración de Pedro.

LA INTERCESIÓN PERSONAL SE DESAPROVECHA

En un folleto escrito para estimular la oración por los misioneros, el veterano misionero Robert Bowers, un médico que sirve con SIM Internacional, describe esta familiar escena:

> «Por favor oren por nosotros», dice un misionero de licencia al marcharse de una agradable cena.
> «Así lo haremos», responde afirmativamente su huésped.

Bowers comenta que esto es como decir hola y adiós: un formalismo que contiene poco significado. A nivel superficial, se hizo un contrato verbal para que esta familia cristiana orara por el misionero. Sus nombres tal vez se añadieron a la lista de los que recibieron la «carta de oración» del misionero.

Pero, si esta familia es como miles de otras, casi no invirtieron ninguna intercesión poderosa o efectiva durante los cuatro años del término de servicio de ese misionero. Los misioneros, los pastores, los maestros, los ejecutivos denominacionales y otros líderes cristianos afirman la importancia de la oración, pero les hace falta el conocimiento práctico para realizarla.

Como mencioné en la primera página del capítulo inicial: *La fuente de poder espiritual menos usada en nuestras iglesias hoy en día es la intercesión por los líderes cristianos.*

Afortunadamente, no estamos comenzando de la nada. Muchos líderes importantes de hoy en día entienden y reciben la intercesión personal. Y muchas personas importantes del pasado hablan del poder de la intercesión en sus vidas.

Armin Gesswein, uno de los reconocidos líderes y estudiantes de la oración, me contó en una carta reciente acerca de Frank Mangs, quien posiblemente fue el mayor evangelista escandinavo. Cada mañana le rogaba encarecidamente al Señor para «que bendijera a sus intercesores durante el transcurso de ese día». Entonces, Gesswein, quien se pasea entre los que oran, dice: «Jamás escucho a los predicadores decir eso hoy en día». Creo que Armin ha señalado un verdadero problema.

Podemos retornar al siglo octavo. Bonifacio, ese intrépido misionero a los pueblos paganos de Alemania, le escribe al abad de un monasterio: «Apelamos a la piedad de su hermandad para seamos respaldados por sus devotas peticiones[...] para que las pocas semillas esparcidas en los surcos puedan retoñar y multiplicarse». Y a un arzobispo: «Apelamos a su clemencia para que su piedad ore por nosotros en nuestras labores y peligros».[1] Bonifacio aparentemente entendía este poder.

No existe duda alguna en la mente de los que lo han experimentado; la intercesión fiel y comprometida ofrece mayor poder espiritual a los ministerios cristianos.

Charles G. Finney, uno de los evangelistas más efectivos del siglo diecinueve, conoció a Daniel Nash a comienzos de su ministerio. Nash se convirtió en el intercesor personal de Finney y muy a menudo viajaba con él y oraba

---

1. Charles Henry Robinson, *The Conversion of Europe* [La conversión de Europa], Longmans, Green and Company, Londres Inglaterra, 1917, p. 378.

mientras Finney predicaba. Era conocido como el «padre Nash», y adquirió una reputación por orar durante mucho tiempo y en alta voz. Se dice que cuando oraba en los bosques, su voz se podía escuchar a través de los campos circundantes.[2]

Para acercarnos más a nuestros tiempos, los visitantes al museo en el centro Billy Graham en los predios del Colegio Wheaton, Illinois, verán una pintura de uno de los compañeros de oración de Billy Graham, Pearl Goode. Graham mismo le atribuye gran parte del poder evangelístico de su ministerio a la fiel intercesión de Pearl Goode.

No existe duda alguna en la mente de los que lo han experimentado; la intercesión fiel y comprometida ofrece mayor poder espiritual a los ministerios cristianos. Entonces, ¿a qué se debe que un número tan reducido de ministerios lo utilicen? Creo que hay cinco razones importantes para esto.

1. La ignorancia

No tengo duda alguna de que la ignorancia es la razón principal de nuestro poco uso de la intercesión personal. La inmensa mayoría de los líderes cristianos no piensan en esto. Aunque no es algo nuevo histórica o bíblicamente, no se encuentra en los patrones de pensamiento diario de la mayoría de los líderes cristianos.

Lo que me hizo darme cuenta de la función que juega la ignorancia en el proceso de determinar la intercesión personal fue la desproporcionada respuesta que comencé a obtener cuando en ocasiones comencé a mencionar esto en algunos de mis seminarios de iglecrecimiento.

Cuando desarrollaba los pensamientos seminales para el contenido de este libro, probaba las cosas usando de diez a quince minutos de un seminario de dos días para informar

---

2. Colin Whittaker, *Seven Guides to Effective Prayer* [Siete guías para la oración efectiva], Bethany House Publishers, Minneapolis, MN, 1987, p. 111.

lo que estaba aprendiendo. Una cantidad poco común de pastores respondían que lo que les había dicho acerca de la intercesión personal era más importante para ellos que el resto del seminario.

Recibía carta tras carta como la siguiente de un pastor en Upland, California: «Seguí su exhortación acerca de la intercesión personal, y ahora tengo siete compañeros de oración rogando por mí diariamente. ¡Estoy viendo una diferencia en mi vida! Gracias». Me percaté de que, más que ninguna otra cosa, estaba deshaciendo una nube de ignorancia.

Para ilustrar la amplitud de nuestra ignorancia como comunidad cristiana en cuanto al poder de la intercesión personal, deseo ocuparme de nuevo de la presente epidemia de pastores y otros líderes que están cayendo en la inmoralidad sexual. Los escándalos se han hecho tan comunes y públicos que varios autores cristianos han estado investigando y escribiendo acerca del tema. He hecho una colección personal de este material porque comencé a notar una tendencia que refleja nuestra ignorancia acerca del poder de la intercesión personal.

Tendré que mencionar los nombres de algunos de estos autores debido a que su estatura e integridad en la comunidad cristiana es de importancia para mi punto. Pero quiero que se comprenda completamente mi motivación: no estoy *criticando* de forma alguna a estos autores que muchos son amigos míos. Simplemente los cito porque nos representan colectivamente en cuanto a este asunto. Ellos interpretan mi propio estado mental durante la mayor parte de mi ministerio ordenado.

No se piensa en cuanto a la intercesión. Uno de los clásicos cristianos de nuestra generación es *Alabanza a la disciplina*, de Richard J. Foster. Él es conocido como un alto líder del movimiento de espiritualidad que comenzó a finales de los años setenta. Es un hombre de oración. Cuando el escándalo de Jim Bakker se hizo público, la revista *Charisma* le pidió a Richard que examinara la crisis del programa *Praise the Lord* [conocido en Latinoamérica como «Para todo latino»] y lo analizara. El artículo resultante se intituló «The PTL Scandal» [El escándalo del PTL]. Luego de analizar lo que sucedió, Foster sugiere cuatro formas de prevenir tales cosas en el futuro. ¡Ninguna de las cuatro es la oración![3]

Richard Exley, pastor y personalidad de la radio, escribió un libro, *Perils of Power: Immorality in the Ministry* [Los peligros del poder: la inmoralidad en el ministerio]. No contiene sección alguna acerca de la oración o la intercesión personal. El libro del famoso sicólogo cristiano, Clyde M. Narramore, *Why a Christian Leader May Fall* [Por qué podría caer un líder cristiano] hace lo mismo. También lo hace el difunto líder carismático, Don Basham, cuyo libro se titula: *Lead Us Not into Temptation: Confronting Immorality in Ministry* [No nos dejes caer en tentación: cómo enfrentar la inmoralidad en el ministerio].

Las dos principales revistas interdenominacionales estadounidenses dedicaron un número acerca del tema. He aquí el de la revista *Leadership* del invierno de 1988 acerca del tema general: Sexo. Tiene artículos tales como «¿Cuán común es la imprudencia pastoral?», «Los pecados privados del ministerio público», «La guerra interna continúa», «La orientación de las mujeres seductoras», «Después de la aventura amorosa: El relato de una esposa», «La predicación de ese tema tan delicado», y «La cura de las víctimas de la revolución».

Algunos de los autores más conocidos son David Seamands, Arch Hart, Bill Hybels y Chuck Smith, líderes de integridad y sabiduría sin igual. No pude hallar en todo este material una sola mención a la oración como prevención. En la misma revista *Leadership*, Randy Alcorn escribió un artículo: «Estrategias para resguardarse de una caída», que sugiere nueve medidas preventivas, ninguna trata de recibir la intercesión personal.

---

3. Richard J. Foster, «The PTL Scandal», *Charisma & Christian Life*. marzo de 1988, pp. 39-44.

Ministries Today [Ministerios de hoy], la segunda revista clerical de mayor influencia, dedica gran parte de su número de julio/agosto de 1990 a «La restauración de líderes caídos». Algunos de sus artículos: «La restauración de David Alsobrook», «Restauración por gracia», «Pastor y adicto», «La restauración de líderes caídos», «La restauración tras una aventura amorosa», «Si los ministros caen, ¿pueden ser restaurados?» y «Cuando un líder cae». En este número se menciona dos veces el poder de la oración, pero ambas en el contexto de la recuperación *tras* la tragedia en lugar de usarla como *prevención* para la caída.

Me alegré de ver que el libro de Gordon MacDonald, *Rebuilding Your Broken World* [Reconstruyendo su mundo arruinado], sí tiene una sección acerca de la oración. Sugiere siete «Iniciativas de Defensa Personal (IDP)». Titula la IDP #2 como: «Paga el precio de la disciplina espiritual regular». Con esto quiere decir: «El cultivo del estudio de la Escritura, la intercesión, la meditación y la lectura general acerca de temas espirituales».[4] Empero, no sigue mencionando el poder espiritual que se recibe a través de la intercesión de otros.

En resumen, no parece que se le haya ocurrido a estos líderes, cuya estatura es ampliamente respetada, promover la intercesión personal como uno de los medios para prevenir que los pastores caigan en la inmoralidad sexual. ¿Por qué? Tal parece, sencilla y llanamente, que jamás se les ocurrió. Esto es lo que quiero expresar cuando afirmo que la ignorancia es la principal razón por la cual no hemos estado usando la intercesión personal de la debida manera.

2. El individualismo descomedido

Los antropólogos culturales continuamente nos recuerdan a los estadounidenses, que somos uno de los pueblos más individualistas del mundo. Muchos lo rastrean de nuestra actitud aventurera. Por ejemplo, somos una de las pocas

---

4. Gordon MacDonald, *Restaurando su vida deshecha*, *Editorial UNILIT*, *Miami, FL, 1990*.

culturas en el mundo donde los jóvenes se marchan del hogar, eligen un compañero o compañera, para entonces comunicárselo a sus progenitores. Se esperaría por completo que la noción de que «si voy a alcanzar algo en la vida tengo que arreglármelas por mí mismo», también se aplica a nuestras vidas espirituales. Se sabe que esto es así y hasta cierto punto todos participamos en ello.

La buena nueva es que nuestro individualismo nos anima a aceptar la responsabilidad personal por cualquier tarea en particular. Las malas nuevas es que tendemos a ignorar o detestar a otros miembros del Cuerpo de Cristo que necesitamos desesperadamente. Odiamos admitir que necesitamos ayuda o que nuestras acciones dependen de otros hermanos en Cristo.

Ilustraré esto usando a Jimmy Swaggart como ejemplo. No tengo la costumbre de mencionar nombres de líderes que han tenido serios problemas, pero este caso ha sido público por tanto tiempo en los medios de difusión nacional e internacional, que creo que no correríamos peligro alguno en asumir que no estamos contando chismes. Además, amigos mutuos me han asegurado de que Jimmy Swaggart no objetaría a que se reiterara la lección que él mismo dijo haber aprendido para beneficio del resto del Cuerpo de Cristo. Oro porque esto sea cierto debido a que a él no le hace falta que le inflijan más dolor en este momento.

En primer lugar, es importante conocer algo acerca de la vida de oración personal de Jimmy Swaggart. Él dice que el Espíritu Santo «me persuadió a que dedicara una décima parte de mi tiempo a la oración y al estudio de la Palabra (no me refiero al estudio para los sermones). Eso equivale a unas dos horas y media al día».[5] Swaggart admite que algunos días se le hizo difícil cumplirlo, empero ha sentido una gran unción desde que apartó todo ese tiempo. Esto equivale a más de seis veces el promedio pastoral de oración de veintidós minutos.

---

5. Jimmy Swaggart, «From Me to You» [De mí para ti], *The Evangelist*, abril de 1987, p. 58.

Así que Swaggart aparentemente tenía una vida de oración personal muy superior al promedio. Sin embargo, obviamente no fue lo suficiente como para resguardarle de la caída en la inmoralidad sexual.

E.M. Bounds dice: «El predicador debe orar; y se debe orar por el predicador». Jimmy Swaggart cubrió la primera parte de la fórmula. Fue la debilidad en la segunda parte que él mismo cita como la fuente de su problema. ¿Cómo sabemos esto?

La espiritualidad individualista

Antes de que en 1988 saliera a la luz pública el escándalo, Swaggart escribió un artículo para su revista *The Evangelist* [El evangelista], intitulado «El Señor de las oportunidades». La revista se imprimió y envió por correo antes de que las noticias salieran al público, así que, a pesar de que escribió el artículo con anterioridad, no llegó a los hogares hasta una semana después que todos nos enteramos del problema. Swaggart, por supuesto, sabía lo que había estado haciendo cuando escribió el artículo, y me suena como si estuviera tratando de lidiar con su condición espiritual. Él dice en el artículo:

> Siempre me he enorgullecido de mi fortaleza espiritual. He creído que en mi relación con Dios, si Él me prometió algo, habría de tenerlo. No puedo recordar momento alguno en mi vida donde tuve que acudir a *alguien* para pedirle ayuda.

Él no menciona que constantemente le pide a las personas que oren por él, pero esto es en el sentido del misionero que se marcha del hogar luego de cenar y que le pide a los huéspedes que oren por él. Entonces Swaggart continúa diciendo, de manera bastante sincera:

> Estamos discutiendo las debilidades personales. Frances me dijo un día: «Las dificultades que tienes en tal y tal área se

debe a tu orgullo». Eso me alertó. No había pensado en eso, pero tengo que admitir que estaba en lo correcto».[6]

Tras esto había un individualismo descomedido que no sentía la necesidad de que nadie le ayudara. Swaggart estaba evidentemente comenzando a admitir sus faltas cuando surgió el escándalo. Entonces apareció en televisión nacional y realizó su llorosa confesión. Entre otras cosas dijo:

> Quizás Jimmy Swaggart ha tratado de vivir toda su vida como si no fuera humano. Y he pensado que con el Señor, sabiendo que es omnipotente y omnisciente, no había nada que no pudiera realizar, y enfatizar con su ayuda y dirección.

De nuevo, esto afirma el individualismo descomedido en el que nos enredamos todos los estadounidenses, en ocasiones más de lo que sabemos. Pero esto se aplica específicamente al ministerio cristiano. Entonces viene el punto neurálgico de la lección aprendida:

> Creo que por esta razón (dentro de mi conocimiento limitado) no hallé la victoria que buscaba, porque no busqué la ayuda de mis hermanos en el Señor[...] Si hubiera buscado la ayuda de los que me amaban, con su fuerza añadida, al considerar el pasado ahora, sé que la victoria hubiera sido mía.[7]

Estoy completamente de acuerdo. Percibo a la intercesión personal como un activador vital del sistema inmune del Cuerpo de Cristo. Nos liberaremos de la búsqueda, en otros lugares aparte del Cuerpo de Cristo, de los recursos dados por Dios que tan desesperadamente necesitamos en la medida en que nos separemos de la idea de: «Si voy a

---

6. *Ibid.*, «The Lord of Breaking Through» [El Señor de los progresos], marzo de 1988, p. 7.
7. «Swaggart's Confession» [Confesiones de Swaggart], *Charisma & Christian Life*, abril de 1988, p. 20.

alcanzar algo con Dios, tengo que hacerlo por mí mismo». La liberación del poder divino mediante la intercesión ayudará mucho en la prevención de que el enemigo nos derrumbe.

Y ahora otros están aprendiendo la lección. Uno de los amigos más cercanos de Jimmy Swaggart, el misionero Mark Buntain, le escribió una carta abierta luego que el escándalo se hiciera público. En ella Buntain confiesa: «Jamás ore para que tu vida fuera protegida de los ataques del poder de Satanás... Oh, ¿por qué no le imploré al Espíritu Santo para que no sólo te ungiera con poder homilético, sino que también te resguardara con su poder inmanente?»

Buntain prácticamente se responsabiliza por la caída de Swaggart. Le dice a Swaggart: «Soy culpable. Te he fallado de mala manera». Algunos dirían que su reacción es exagerada, y quizás así sea. Pero su mensaje es uno que debemos escuchar claramente. La intercesión seria podía y tal vez habría cambiado este bajo punto en la historia cristiana contemporánea.

3. El miedo

La tercera razón por la cual la intercesión personal no se utiliza de manera adecuada es el miedo.

Hay cierta justificación para el miedo que algunos pastores tienen de la intercesión personal. Quizás han pensado en detalles acerca de ello, pero se percatan intuitivamente de que cuando comiencen a relacionarse con los intercesores personales se mueven a un nivel más profundo de vulnerabilidad y responsabilidad que antes. Esto no sólo es algo imaginario; es un hecho. Los compañeros de oración personal hacen que su vida se convierta más en un libro abierto.

He mencionado que John Maxwell de la Iglesia Wesleyana Skyline tiene un equipo de cien personas que están comprometidas a interceder por él y su ministerio. He visitado la iglesia varias veces y conozco personalmente a algunos de sus compañeros de oración. Uno de ellos es Dick Hausam, quien ha recibido una tarea especial de parte de Dios para que concentre sus oraciones en la vida moral de John. Maxwell viaja tanto como un jugador profesional de baloncesto. No está tan exento de la tentación como cualquier otro hombre cuarentón. Pero casi cada domingo, Dick se acerca a John y le dice: «¿Cómo te fue esta semana?» John replica: «Todo fue bien, pero no sé cómo me hubiera ido si tú no hubieras orado por mí».

Esto es lo que quiero decir por vulnerabilidad y responsabilidad. Estoy consciente de que no todos los pastores están dispuestos a esto, y afortunadamente este nivel de sinceridad no es un prerrequisito para relacionarse con los compañeros de oración personal. La mayor parte de las relaciones de compañerismo de oración comienzan con mucha menos accesibilidad personal. Algunos crecen en ella y algunos no. Pero hasta los que no lo hacen están mucho mejor que sin ningún compañero de oración.

Otra justificación para el miedo emerge de una característica de los compañeros de oración, particularmente los que poseen el don de la intercesión. A menudo reciben información directamente del Señor acerca del pastor o el líder.

Se puede esperar que los intercesores experimentados y que saben discernir sepan cosas acerca de la vida del pastor que él supone sean secretas. Por fortuna, Dios no le confía tal información a los intercesores a menos que esté seguro de que su nivel de madurez y sabiduría les permita manejarla. Mis propios compañeros de oración y otros que conozco que oran por otros líderes me dicen que Dios les muestra cosas que no están en libertad de contárselo a los pastores por los que oran.

Realmente no debemos temer que a los intercesores se les haya dado la información para dañarnos o para afectar nuestro ministerio, todo lo contrario. A través de sus oraciones se remueven los obstáculos para la productividad de nuestro ministerio y para nuestra plenitud personal en Cristo, y somos aún más libres de lo que hemos sido.

4. La arrogancia espiritual

Desearía que la arrogancia espiritual fuera un asunto menor, pero temo que ese no es el caso. Para muchos pastores es el obstáculo principal para su receptividad a la intercesión personal.

Aprendí acerca de la arrogancia espiritual del pastor Paul Walker de la Iglesia de Dios Monte Paran en Atlanta, Georgia. Hace muchos años que conozco a Paul y lo admiro grandemente. No es un ministro de la tradición pentecostal clásica, sino que tiene un doctorado en consejería. Al momento de escribir esta obra su iglesia es una de las más visitadas en la nación.

Paul Walker me relató una historia de un problema que surgió con un líder prominente de su iglesia. Walker sintió que Dios le estaba dirigiendo para que adquiriera un segundo local para su iglesia; una enorme iglesia bautista con un santuario moderno con capacidad para tres mil personas. Este templo en particular había estado cerrado por ocho años. La adquisición de esta propiedad, con las debidas remodelaciones y añadiduras, habría de costar $10 millones y abriría la abrumada Monte Paran a una nueva fase de crecimiento al utilizar los dos locales simultáneamente. Pero el prominente líder de la iglesia no lo deseaba.

La situación fue escalando hasta llegar a ser crítica. La esfera de influencia del líder que en esencia empezaba a protestar, desarrolló negativismo. Toda la iglesia pudo afectarse hasta el punto de crear divisiones. Era mucho más difícil porque Paul y el líder fueron amigos cercanos por veinticinco años. Paul me dijo: «¡Parece que lo único que hace falta para arruinar una larga amistad de veinticinco años es una diferencia de opinión acerca del futuro ministerio!»

Paul Walker tiene una relación personal con unos cincuenta intercesores en su iglesia. Entre otras cosas, estas personas se comunican regularmente con él. Es un hecho bien conocido que tratar de hablar por teléfono con el pastor de una megaiglesia en los EE.UU. es casi tan difícil como hacerlo con el presidente en la Casa Blanca. Pero Walker ha dado instrucciones al personal de su oficina que se le permita a los intercesores comunicarse con él. En este aspecto tienen privilegios que sólo poseen los pastores involucrados en la administración y el ministerio. Él dice: «Valoro mucho sus preocupaciones de oración y las ideas que recibo de ellos».

Reto al mediodía. El pastor Walker y el líder de la iglesia acordaron reunirse al mediodía, lo cual sería el equivalente a un reto. La armonía de la iglesia estaba en juego. Sin embargo, antes de la reunión una de las intercesoras llamó a Paul Walker.

«Pastor, Dios me ha estado hablando», dijo ella. «¿Tiene alguna reunión importante en estos días?» Ella, por supuesto, no tenía información natural alguna acerca de lo que estaba sucediendo en los altos niveles administrativos de la iglesia, pero Dios le habló acerca de la reunión en el Espíritu.

Cuando Paul Walker afirmó que de hecho tal reunión le aguardaba pronto, ella le dijo que creía que Dios le estaba diciendo lo que él debía decir en la reunión y qué pasaje de la Escritura usar. En ese momento Dios le dio a él un profundo sentido de convicción y confirmación. ¡Obedeció y todo salió de maravillas!

La reunión fue armoniosa y pacífica. El líder y los que estaban bajo su influencia recibieron una visión ampliada y se logró una nueva dimensión para la tarea evangelizadora de la iglesia. Ahora Monte Paran ha estado utilizando ese local por varios años y a partir de ahí añadieron un tercero y en estos momentos tienen planeado un cuarto local.

Paul y yo analizamos el asunto de que muchas iglesias se dividen debido a que los pastores principales no son sensibles a la revelación divina mediante personas espiritualmente maduras de la congregación. Algunos hubieran dicho: «¿Por qué Dios habría de darle información como esta a una pequeña abuela en zapatos de tenis que vive en un apartamentico de dos cuartos? ¿Por qué no iba a dármela directamente? *Yo soy* el líder espiritual de esta iglesia. *Yo soy* el que escucha lo que Dios dice en cuanto a la dirección que debe tomar la iglesia. ¿Quién se cree ella que es para decirme cómo conducir mi iglesia?»

Desafortunadamente, esta actitud es común y corriente. Pero creo que Dios está levantando líderes prominentes como Paul Walker para que sirvan de modelo para el resto de nosotros, líderes que no dan excusa alguna acerca de su madurez, sus logros académicos, su discernimiento y profundidad espiritual, sus habilidades de liderazgo, el crecimiento o el nivel espiritual de sus congregaciones.

Estos reconocidos líderes han adquirido prominencia, pero también son lo bastante humildes como para saber que no tienen suficiencia propia espiritual. Comprenden el poder de la intercesión tan bien como Josué lo hizo en la batalla de Refidim. Ya sea que sus intercesores tengan la estatura de un Moisés o de abuelas en zapatos de tenis, están listos para escuchar la voz de Dios y recibir el poder adicional que necesitan a través de estos preciosos individuos.

La humildad es lo opuesto a la arrogancia, pero hay cierto peligro de que la humildad excesiva pueda entremeterse en el camino para recibir la intercesión.

Cómo Moody aprendió la lección. Dwight L. Moody, a no ser por sus intercesores, por poco no puede evitar la trampa de la arrogancia espiritual y florecer en el influyente gigante de la fe como ahora le conocemos. Moody ya era un predicador popular. Hasta Abraham Lincoln lo visitó en la Escuela Dominical en Chicago. Pero hacía falta algo, es decir, ceder al pleno poder del Espíritu Santo. Estoy endeudado con Mark Bubeck que relata la historia de cómo sucedió, en su excelente libro *Overcoming the Adversary*.[8]

---

8. Mark I. Bubeck, *Overcoming the Adversary* [Venciendo al adversario], Moody Press, Chicago, Illinois, 1984, pp. 44-45.

Luego de una de las reuniones de Moody dos señoras se le acercaron y le dijeron:

—Sr. Moody, hemos estado orando por usted.

—¿Por qué no oran por las personas? —respondió abruptamente Moody reflejando cierta arrogancia espiritual.

—Porque usted necesita el poder del Espíritu Santo —dijeron quedamente las señoras.

Un tanto sorprendido, Moody solo pudo responder:

—¿Yo... necesito el poder? —sólo pudo responder Moody un tanto sorprendido. Ese pensamiento era algo absurdo para un líder espiritual que había sido visitado por el Presidente de los EE.UU.

Pero las mujeres escucharon bien al Señor. Tenían la costumbre de sentarse en la fila delantera durante las reuniones, profundamente ensimismadas en la oración mientras Moody predicaba. Al principio este se molestaba, pero Dios fue ablandando gradualmente su corazón y no sólo comenzó a animar sus oraciones, sino la formación de grupos de oración para rogarle a Dios que le fortaleciera. Entonces un día en la ciudad de Nueva York, Moody tuvo una experiencia tal de la plenitud del Espíritu Santo que admitió jamás haber podido expresarla verbalmente.

Unos de sus biógrafos dice: «Dios parece que respondió de forma poderosa a las oraciones de estas dos mujeres, porque en ese momento su vida cambió considerablemente de un joven, un tanto confiado y orgulloso, a un predicador humilde, manso y misericordioso».

Cuando disminuyó la arrogancia espiritual de Moody, en su vida y ministerio se liberó el poder de Dios a través de fieles intercesores.

5. La humildad excesiva

La humildad es lo opuesto a la arrogancia, pero hay cierto peligro de que la humildad excesiva entorpezca el camino para recibir la intercesión. Yo mismo he tenido problemas con esto.

Esa manera de pensar se expresa de la siguiente manera: *No soy mejor que nadie en el Cuerpo de Cristo. Todos somos pecadores salvos por gracia. Dios ama igualmente a todos sus hijos. No me ama más que a nadie.* Entonces, ¿por qué tengo que esperar recibir esta poderosa intercesión cuando muchos de los miembros de mi iglesia no tienen el mismo privilegio? En lugar de formar un equipo especial de compañeros de oración para mí mismo, ¿no sería mejor animar a todos los miembros de la iglesia para que oren los unos por los otros?

Esta no es la humildad bíblica, porque no logra reconocer que los pastores y otros líderes, debido a su oficio, no son iguales al resto de los miembros del Cuerpo de Cristo. Expliqué este asunto con más detalles en el tercer capítulo («¿Por qué necesitan intercesión los pastores?»), así que no necesito repetirlo. Los pastores necesitan la oración intercesora más que ningún otro miembro de la congregación y el plan de Dios es dársela.

La parte con que lucho es la subsiguiente pregunta: ¿Por qué debo pedirle a alguien que me de una hora al día en oración, cuando quizás sólo le doy diez segundos al día? No parece justo.

Ahora me siento a gusto con el hecho de que esto también es creación de Dios. Mis intercesores oran por mí mucho más de lo que oro por ellos y ellos no esperan nada distinto. Dios hace cosas a través de mí y mis dones espirituales que no está haciendo a través de mis intercesores. Y hace cosas mediante ellos que no hace a través de mí.

Para concluir, siento que una plena apreciación de la operación del Cuerpo de Cristo es vital para eliminar los obstáculos que interfieren el camino para recibir la intercesión personal.

Por lo general, los intercesores no serán muy visibles, pero son como las glándulas de nuestro cuerpo que veinticuatro horas al día segregan las hormonas que necesitamos para la vida, la salud y la energía. Una vez que entendamos esto, la ignorancia, el individualismo descomedido, el miedo, la arrogancia espiritual y la humildad excesiva no mantendrán ningún fundamento seguro en nuestro ser. Seremos receptivos al pleno ministerio del Espíritu Santo y a sus dones mediante el Cuerpo de Cristo para ser todo lo que Dios desea que seamos.

PREGUNTAS DE REFLEXIÓN

1. Discuta la diferencia entre *decir* el Padrenuestro y *orar* el Padrenuestro. ¿Cuáles son las seis divisiones de esta oración modelo y qué incluiría cada una?
2. La frase: «Voy a orar por ti», puede significar mucho o muy poco. ¿Cuáles son algunos de los ejemplos concretos de cada una?
3. ¿Cree que este capítulo critica mucho a Jimmy Swaggart? Hable acerca de cómo se relacionan los asuntos a sus problemas personales.
4. Repase la historia de Paul Walker y su disposición a recibir información de sus intercesores. ¿Por qué cree usted que muchos otros pastores no podrían hacer esto?
5. Si un líder cristiano se resiste a recibir intercesión por una o más de las razones aducidas, ¿qué podría hacerse para cambiar esto?

CAPÍTULO SEIS

Tres tipos de intercesores personales

LOS PASTORES Y OTROS LÍDERES CRISTIANOS RECEPTIVOS a la intercesión personal y que se la piden a Dios ven con rapidez cómo esta marca una diferencia en sus ministerios. Reconozco totalmente que también hay muchos beneficios de la intercesión que no pueden evaluarse y algunas veces quizás sean los más importantes. Pero los efectos tangibles también mejorarán tanto nuestra fe como nuestros espíritus.

Dios provee intercesión de varias maneras. La mayor parte de este capítulo se ocupará de tres clases de intercesores personales que están comprometidos a orar con regularidad por cierto pastor, pero necesitamos reconocer que Dios también se mueve de otras maneras.

LA INTERCESORA INVÁLIDA DE D.L. MOODY

En el capítulo anterior hablamos de las dos intercesoras que Dios usó para que Dwight L. Moody fuera receptivo a la intercesión personal. Otro dramático incidente en el cual Moody estuvo involucrado nos muestra cómo Dios puede usar específicamente a un intercesor para un solo acontecimiento. En algunas ocasiones Dios asigna lo que he llamado un intercesor de crisis a una tarea particular, en lugar de un intercesor personal.

Este incidente sucedió en una clase dominical cuando Moody visitó Inglaterra en 1872 mientras construían su nuevo templo en Chicago. Su propósito principal era escuchar y aprender de algunos de los mejores predicadores de Inglaterra. Pero un domingo rompió su rutina y accedió servir en una iglesia en Londres.

Ese domingo por la mañana se convirtió en una desastrosa experiencia. Luego confesó que jamás en su vida le había ido tan mal predicando. Todo estaba perfectamente muerto. Entonces le sobrevino el terrible pensamiento de que tenía que predicar de nuevo allí esa noche. Sólo prosiguió porque había dado su palabra de que así lo haría.

¡Pero qué diferencia! Esa noche la iglesia estaba llena y había una nueva y vital atmósfera espiritual. Moody dijo: «Los poderes de un mundo invisible parecían haberse cernido sobre la audiencia». A pesar de que no lo premeditó, decidió invitar a las personas para que aceptaran a Jesucristo como su Salvador personal y se sorprendió cuando quinientas personas se levantaron. Repitió la invitación dos veces más para lograr filtrar a los que no eran sinceros, pero todos pasaron a orar y recibir a Cristo. ¡Esa noche comenzó un gran avivamiento en esa iglesia y en ese vecindario!

¿Y la intercesión?

Una mujer que había asistido al servicio matutino regresó a su casa y le dijo a su hermana inválida que cierto Sr. Moody de Chicago había predicado. La hermana inválida palideció. «¿El Sr. Moody de Chicago?», preguntó sorprendida. «Leí acerca de él hace un tiempo atrás en un periódico estadounidense y he estado orando para que Dios lo enviara a Londres y a nuestra iglesia. Si hubiera sabido que iba a predicar esta mañana, no hubiera desayunado y me hubiera pasado todo el tiempo en que predicara orando por él. Ahora bien, hermana, sal del cuarto, cierra la puerta, no me envíes cena; no importa quién venga, no le permitas que pase a verme. ¡Voy a pasarme toda la tarde y toda la noche en oración!»

Esta historia la relata E.M. Bounds, quien comenta: «Así que mientras el Sr. Moody se paró tras el púlpito que había sido como un refrigerador en la mañana, la santa inválida lo estaba levantando ante Dios, y esa noche Dios, que siempre se deleita en responder a la oración, derramó Su Espíritu con admirable poder».[1]

EL EQUIPO DE GARY GREENWALD

Con frecuencia Dios da poder al ministerio a través de un equipo de intercesores. Gary Greenwald, pastor de la Iglesia Eagle's Nest en Irvine, California, había estado dirigiendo cruzadas evangelísticas anuales en Hawaii. Luego de varios años, la asistencia ascendió a dos mil. A medida que oraban en cuanto a esto, un año decidieron lanzarse por fe y alquilar la sala de funciones del Hilton Hawaiian, con capacidad para cuatro mil personas. Costaba miles de dólares y necesitarían una gran muchedumbre para costear los gastos.

Enviaron un equipo de intercesores de su iglesia en Irvine a quedarse en el Hilton Hawaiian una semana antes de la cruzada para ayunar y orar. La guerra espiritual era intensa esa semana. El líder del equipo sufrió tanta ansiedad durante las noches que por poco capitula para marcharse de regreso a casa. Varios miembros del equipo sufrieron la aflicción de diversas enfermedades. Pero persistieron y sintieron que estaban ganando la batalla. La gran pregunta era: ¿Llenaremos alguna vez el salón de actividades?

Las primeras tres noches de la cruzada atrajeron a tres mil personas. Las últimas dos noches el salón se llenó con

---

1. E.M. Bounds, *The Complete Works of E.M. Bounds on Prayer* [Obras completas de E.M. Bounds sobre la oración], Baker Book House, Grand Rapids, Michigan, 1990, pp. 360-361.

cuatro mil. Fue una de las cruzadas más poderosas que jamás hayan dirigido. Ocurrieron muchos milagros y conversiones, tales como la total sanidad de un talón de Aquiles. Como ya se había realizado la batalla espiritual, la cruzada misma fue fácil.

El próximo año alquilaron el mismo salón de actividades. Sin embargo, no enviaron al equipo de intercesores la semana antes de la actividad porque era demasiado costoso. Hawaii usualmente tiene una atmósfera abierta a la predicación, ¡pero este año la cruzada fue un desastre! La mayor asistencia sólo fue de mil ochocientos. Hubo divisiones entre el liderazgo. Hubo serios problemas entre los líderes de adoración. Fue un desastre financiero.

Ese año, Gary Greenwald aprendió, de la forma más difícil, el valor de los equipos de intercesores.

LOS INTERCESORES PERSONALES

Dios usa los intercesores de crisis como vimos con D.L. Moody y equipos de intercesores como con Gary Greenwald. También usa intercesores personales que se comprometen a orar durante un largo período de tiempo por un pastor en particular u otro líder cristiano.

A medida que he estudiado el fenómeno de la intercesión personal por varios años en función de observador participante, he encontrado útil separar los intercesores personales en tres categorías que se relacionan. Me gusta pensar que la intercesión personal opera en tres círculos concéntricos alrededor del líder. (Véase la próxima página.)

- El círculo interno: Aquí representamos al pastor junto a los que llamaré intercesores I-1.

- El círculo del centro: Contiene los intercesores I-2.

- El círculo externo: Contiene los intercesores I-3.

Piense en que los intercesores I-1 tienen una relación *estrecha* con el pastor, los I-2 una relación *casual* y los I-3 una relación *remota* con el pastor. Los describiré de afuera hacia adentro.

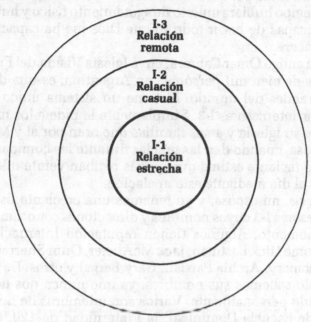

I-3
**Relación
remota**

I-2
**Relación
casual**

I-1
**Relación
estrecha**

LOS INTERCESORES I-3

Los intercesores I-3 pueden estar bastante alejados del pastor o el líder por el cual oran. La mayor parte de la intercesión I-3 es una relación unilateral. Por lo general el líder no sabe quién es el intercesor I-3, o que está orando por ellos y su ministerio. Por ejemplo, pienso en Billy Graham. Muchos intercesores han orado fielmente por Billy Graham y su ministerio por años sin siquiera haber visto al evangelista en persona. Empero, Billy Graham será el primero en decirle que tales intercesores han logrado establecer la diferencia en el mundo en cuanto a la efectividad de su ministerio evangelístico.

Por supuesto, hace falta cierta cantidad de visibilidad aparte de la congregación local para atraer a estos intercesores I-3. Bill Bright, de Campus Crusade, dice: «Podría dar por sentado que hay cientos, si no miles, desde escolares hasta ancianos que oran diariamente por mí». Bright dice que si no fuera por esos intercesores: «Estoy seguro de que hace tiempo hubiera muerto de agotamiento físico y hubiera sido incapaz de hacer todo lo que Dios me ha capacitado para hacer».

Mi amigo Omar Cabrera, cuya Iglesia Visión del Futuro de más de cien mil personas, en Argentina, es una de las más grandes del mundo. Él tiene un sistema único para reclutar intercesores I-3. Simplemente le pide a los miembros de su iglesia y a sus familias que oren por él y Marfa, su esposa, cuando den las gracias durante las comidas. Un cálculo reciente estima que quizás reciban veinte mil oraciones al día mediante esta apelación.

Doris, mi esposa, y yo tenemos una creciente lista de intercesores I-3 cuyos nombres y direcciones conocemos en este momento. Algunos tienen reputación internacional, tales como Dick Eastman, Jack McAlister, Quin Sherrer, Jim Montgomery, Archie Parrish, Gary Bergel y otros. De algunos sólo sabemos sus nombres, ya que nunca nos hemos conocido personalmente. Varios son miembros de nuestra clase de Escuela Dominical, la Fraternidad de 120. Otros son viejas amistades o antiguos estudiantes. Muchos tienen el don espiritual de la intercesión. Algunos oran primordialmente por nosotros. Otros tienen una larga lista por los que también oran, como es el caso de Jack McAlister que ora todos los días por más de doscientos líderes y otras personas. Estoy seguro de que tenemos intercesores I-3 cuyos nombres no están en la lista.

Un día ocurrió una experiencia memorable cuando estaba parado en la atestada antesala del Hotel Hilton en Osaka, Japón. Un desconocido, un hombre blanco, se me acercó y me dijo: «¿Usted es Peter Wagner?» Cuando le respondí que sí, me dijo que había estado orando por mí todas las mañanas durante los últimos seis años, y estaba complacido de finalmente conocerme en persona. Le agradecí, tomé su nombre y le escribí una carta, pero jamás recibí su respuesta. No tengo idea de dónde vino y hacia dónde se fue. ¡Parecía un Melquisedec moderno!

Mi intercesor I-3 favorito es Jess Rainer, quien tiene dos años y medio de edad. Su padre, el pastor Bautista del Sur Thom Rainer, estaba haciendo su doctorado en el Seminario Teológico Bautista del Sur y escribió su disertación acerca de Peter Wagner. No hace falta decir que nos mantuvimos en contacto durante ese proceso. En medio del mismo, me escribió una carta y discutió uno que otro asunto académico. Entonces añadió un párrafo que decía: «De paso, mi hijo menor (Jess, de dos años y medio) ha escuchado tu nombre tanto que concluye todas sus oraciones de la siguiente manera: "... y gracias Dios por Peter Wagner, en el nombre de Jesús, Amén"».

¡Que se multiplique la cantidad de Jess!

LOS INTERCESORES I-2

Los típicos intercesores I-2 tendrán un contacto regular, pero casual, con el pastor o el líder por el cual oran. Estos intercesores que obran a favor de los pastores, los verán tras el púlpito cada domingo y se darán las manos a la salida del templo después del servicio. Se encontrarán de vez en cuando en otras actividades relacionadas a la iglesia, pero, para muchos, ese es más o menos el único contacto personal.

Una de las cosas que sugiero en este libro es que los pastores den pasos para cultivar su relación con los intercesores I-2. La mayoría de los pastores que conozco de vez en cuando ven a alguien en la fila de los que se marchan al finalizar el culto que le da un caluroso apretón de manos y dice: «Pastor, ¡oro por usted diariamente!» A menudo lo interpretamos como un formalismo y no le prestamos más atención que lo que hacemos a la declaración: «Disfruté del sermón». Pero en muchos casos puede haber algo más que un simple formalismo. Al menos es un sendero que vale la pena seguir porque podría llevar al descubrimiento de un intercesor personal verdaderamente ungido por Dios para apoyarnos en oración.

Un equipo bien desarrollado de intercesores I-2 disfruta de un contacto bilateral con el pastor. Por lo tanto, es esencial conocer quiénes son los intercesores I-2. Más adelante discutiré las maneras de identificar, reclutar, filtrar, servir y mantener a estos compañeros de oración. Ellos obviamente necesitan tener mejor información que los intercesores I-3. También necesitan estar disponibles para que se les llame a oraciones especiales siempre y cuando surja la necesidad.

Mateo 25 nos aclara que Dios es el Único que decide quién recibe qué talento y cuántos.

El tamaño óptimo de un grupo de intercesores I-2 no se conoce todavía, principalmente porque no tenemos un número de ejemplos viables lo bastante grande para trabajar. A John Maxwell le gusta que este grupo sea hasta de cien, pero no más que eso. Tiene una lista de espera para los que desean matricularse como compañeros de oración y sólo permite nuevos miembros a medida que surjan vacantes. No creo que haya un límite de intercesores I-2, pero esto no se ajusta a los intercesores I-3.

En mi opinión, el principio central es mantener un nivel razonablemente alto de compromiso entre los intercesores I-2, y eso viene mediante una cierta cantidad de contacto personal intencional como explicaré con más detalles. Por lo tanto, el número de intercesores I-2 no debe ser demasiado grande como para que no se pueda sustentar el contacto necesario. Llevará tiempo. Debemos planificar algún tiempo para este contacto. Cuánto tiempo es razonable y apropiado es una pregunta que se debe responder según sea el caso individual.

Mi esposa, Doris, y yo tenemos dieciocho intercesores I-2 en nuestro equipo de oración. Diez de ellos son miembros de nuestra clase de Escuela Dominical La Fraternidad de 120: Sandra Gilbreath, George y Pam Marhad, Joanna McClure, Dave y Jane Rumph, Erick y Joanna Stone, Lil Walker y Mary Wernle. Dos, David y Maureen Anderson asisten a otra iglesia en el área. Cuatro son de Tejas: Elizabeth Alves, Cindy Jacobs, Bobbye Byerly y Jane Anne Pratt. Una, Mary Lance Sisk, vive en Carolina del Norte y otra, Jean Steffenson, vive en Colorado.

Podría predecirse en cierta medida que catorce de los dieciocho son mujeres. Una vez más vemos el 80% aproximado que mencioné anteriormente.

El don de la intercesión

No todos nuestros intercesores tienen el don de la intercesión. Sin embargo, pienso que Dios ha decidido darnos el privilegio de que un alto porcentaje de ellos lo tenga por razones que mencionaré más adelante. De nuestros intercesores I-2, a diez (Elizabeth Alves, Maureen Anderson, Bobbye Byerly, Cindy Jacobs, Joanna McClure, Jane Anne Pratt, Mary Lance Sisk, Jean Steffenson, Mary Wernle y Lil Walker) se les ha reconocido como personas que tienen el don de la intercesión.

Doris y yo consideramos tan esenciales y valiosos para nosotros y nuestro ministerio a los ocho que no tienen el don de la intercesión como a aquellos que lo tienen. Esos que no tienen el don en realidad están más comprometidos a apoyarnos día tras día que algunos de los que lo tienen. El centro y los guardias no son menos importantes en un equipo de fútbol estadounidense que los corredores y el *quarterback*. Para ganar hace falta el equipo completo.

Debido a que esta clase de lenguaje es relativamente nuevo en nuestra comunidad cristiana en general, el proceso de asimilar sus implicaciones lleva tiempo. Pam Marhand es un miembro clave de nuestro equipo. Pero tuvo que ejercer su función de intercesora I-2 como una persona que tiene el don espiritual de la intercesión. Escribió acerca de su experiencia en *Body Life*, la publicación mensual de nuestra clase de Escuela Dominical: «A menudo, cuando decido que voy a orar por ciertas personas o situaciones, un sentimiento de frustración y "¿de qué me vale?" se sobrepone a mis intenciones y me derrota».

Pam sintió, mientras oraba en relación a esto, que el Señor le mostraba la parábola de los talentos en Mateo 25. Allí se aclara que Dios es el Único que decide quién recibe qué talento y cuántos. Al ver eso confesó: «He sido culpable de mirar a mi alrededor y decir en mi corazón: "Señor, tengo un solo talento para la oración". A otros les has dado cinco... que oren ellos. Es probable que mis oraciones no importen».

Entonces Pam concluye correctamente que todo lo que Dios espera de ella es que use los recursos que le ha dado, nada más, nada menos. Pam dice: «A medida que soy fiel y obediente en el uso de lo que me ha dado, el Señor tiene la libertad de darme más si así lo desea. Si no valoro los dones que me ha otorgado y los descuido porque no están a la misma altura de lo que veo que otros hacen, ato real y efectivamente las manos del Señor en mi vida y me encuentro en las afueras mirando con envidia y resentimiento».[2] No podría expresarse mejor.

Cuando invito a mis intercesores I-2 a ser parte del equipo de compañeros de oración, espero que la relación continúe por un período indefinido. No obstante, reconocemos que Dios nos asignará intercesores por una temporada, entonces les dará otras tareas y también somos receptivos a esto. Desde que en 1988 formamos por vez primera nuestro equipo de compañeros de oración, varios se han marchado y otros se han añadido. Esperamos que esto siga así, aunque siempre nos relacionamos con todos como si nuestra relación fuera a continuar por muchos años.

Doris y yo somos los únicos líderes por los cuales algunos de nuestros intercesores I-2 se han comprometido a orar con regularidad, pero otros oran al mismo nivel por varios líderes. Por ejemplo, Bobbye Byerly, quien es una de

---

2. Pam Marhad, «Using Our Gifts to God's Glory» [Usando nuestros dones para la gloria de Dios], *Body Life*, febrero de 1990, p. 7.

las líderes nacionales e internacionales de la Women's Aglow Fellowship, también está comprometida como intercesora personal para Jane Hansen, Joy Dawson, Cindy Jacobs y Mary Lance Sisk. Parte del altamente desarrollado ministerio de intercesión personal de Bobbye es una aguda sensibilidad para el Espíritu de Dios que se mueve sobre las personas por las que ora. Por una temporada descubre que Dios la carga más por una que por otras, y entonces puede cambiar.

En estos momentos acabo de recibir una nota de Bobbye Byerly (quizás *porque* estoy escribiendo este libro), que dice: «Peter, en estos instantes eres el número uno en mi carga de oración. No es algo que haya o no hecho. No es algo que tú hayas hecho. Me parece que Dios, en este momento, está orquestando un nuevo dominio de apoyo de oración para ti».

Cómo sentir el viento del Espíritu

Hace unos meses, Doris y yo íbamos a hacer un viaje a Inglaterra para impartir un seminario a pastores. Justo antes de salir, uno de nuestros compañeros de oración, Dave Rumph, quien es un ingeniero de investigaciones en la rama local de la Xerox, dijo que sintió que el Señor estaba preparando algo especial en Inglaterra con Roger Forster, al que jamás había conocido personalmente. La tarea asignada en Inglaterra no tenía directamente nada que ver con Roger o *Ichtus,* el movimiento que dirige.

Bobbye Byerly también nos llamó con una palabra profética que había recibido, y la cual le pedí me escribiera. Decía en parte: «Siente el viento de Mi Espíritu. Te estoy levantando alto y más alto. No necesitas ningún esfuerzo de tú parte porque Mi viento te levantará. Te esperan mejores días. Mis planes para ti son mucho más de lo que hasta ahora puedas ver».

Sin dudas que el viaje a Inglaterra llegó a ser una ocasión muy importante en nuestro ministerio. No tanto debido al seminario pastoral planificado, sino a raíz de una reunión que no estaba planificada con Roger Forster y Gerald Coates, dos de los líderes del movimiento Marcha por Jesús. En esa reunión, Dios comenzó a dar direcciones a Doris y a mí para que nos ocupáramos del liderazgo de lo que ahora llamamos: «Un día para cambiar al mundo», el 25 de junio de 1994, en conexión con el United Prayer Track del Movimiento 2,000 d.C., que también coordinamos. Los planes que se están desarrollando para esto «son mucho más de lo que podía ver» antes de salir a Inglaterra. Podría llegar a ser la reunión de oración más grande de la historia cristiana.

He aquí a dos intercesores I-2 que estaban tan sintonizados a nuestro ministerio y los planes de Dios para nosotros que Dios usó tanto a ellos como a sus oraciones (y también las oraciones de otros) para movernos hacia una increíble, excitante y potencialmente asombrosa nueva área de servicio para el Reino de Dios.

La mayor parte de mi enseñanza en el Seminario Fuller la imparto en cursos de una o dos semanas. Cuando es en una semana, doy clases mañana y tarde. Es un programa concentrado, pero la enseñanza usualmente estimula y aumenta mi nivel de energía en lugar de disminuirlo. Hace un par de años una de mis clases de iglecrecimiento de una semana no iba bien. El sábado anterior comencé a sentirme extenuado. También el domingo. Cuando el lunes inicié las clases, no tenía energía y me sentí como si estuviera cargando algo pesado sobre mis hombros. El martes fue casi tan malo. Pero el miércoles me liberaron de mi carga, pude relajarme mientras enseñaba, asimismo logré pensar con claridad y creatividad por vez primera desde el sábado.

Poco después, tres de nuestros intercesores I-2, Mary Wernle, Cindy Jacobs y Joanna McClure, se me acercaron a la vez y dijeron: «¿Qué pasó el miércoles pasado? ¿Por qué sentí que necesitabas oración especial para ese día?» Cuando les conté, nos regocijamos porque Dios nos había unido en el ministerio y porque las respuestas a la oración fueron tan tangibles.

INTERCESORES I-1

Dios llama a los intercesores I-1 a sostener una relación cercana especial con el pastor u otros líderes. Algunas veces esto implica una relación social cercana, en otras es una mayormente espiritual. La mayoría, pero no todos, de los intercesores I-1 que conozco tienen el don espiritual de la intercesión. A través del mismo han desarrollado una intimidad con el Padre que les permite escuchar Su voz y conocer sus propósitos de manera más clara que la mayoría.

Los líderes que sé que se relacionan con compañeros de oración I-1 algunas veces tienen tres de ellos, otras dos, pero casi siempre tienen uno. Dios nos ha asignado dos de ellos a través de los años. La primera fue Cathy Shaller que se nos asignó por siete años. La segunda es Alice Smith, nuestra actual intercesora I-1. Ambas son mujeres extremadamente poderosas en las cosas espirituales, y ambas se unieron a nosotros en oración mediante circunstancias extraordinarias.

LA ESCALERA Y LA CAÍDA

El memorable día de nuestra unión con Cathy Schaller fue el 25 de marzo de 1983. Fui a nuestro garage a las ocho y media de la noche para buscar algunos papeles de los impuestos. Los había guardado en un desván que estaba a unos tres metros del suelo de cemento. Me subí a la escalera, como lo había hecho por años, para alcanzar el desván. Mi cabeza estaba unos tres metros y medio del suelo cuando comencé a mover la escalera al desván.

Entonces en un instante algo haló esa escalera de debajo de mí (¡he elegido esas palabras cuidadosamente!) y me caí. Me caí hacia atrás dándome en la cabeza, el cuello y la parte superior de mi espalda. Durante el segundo que más o menos demoró la caída, pensaba: «¡Se acabó esto!», pero también pude gritar lo suficientemente fuerte como para que Doris viniera corriendo al garage. Mi vecino, Randy

Becker, escuchó la conmoción y se apresuró a venir. Él y Doris llamaron a los paramédicos y oraron.

La ambulancia vino y me llevó al salón de emergencia en el Hospital San Lucas. Me hicieron todas las pruebas y rayos X y un par de horas después me enviaron de vuelta a casa. Era sorprendente que no encontraran daño estructural o lesiones internas. Estuve terriblemente magullado, tieso y adolorido por unas seis semanas, pero no presenté otros efectos del accidente más serio de mi vida.

Esa noche Cathy Schaller y su esposo, Mike, quien es sicólogo escolar, habían llevado un grupo de muchachas a un concierto de Ken Medema en una iglesia a unos diecisiete kilómetros de mi hogar. Cathy tenía en ese entonces más de veinticinco años y trabajaba a tiempo parcial como terapeuta del habla. Tenían tres niños que no estaban con ellos esa noche. Unos meses antes se habían unido a la Iglesia Congregacional de Lake Avenue y a La Fraternidad de 120, pero todavía no nos habíamos conocido bien.

Una batalla de vida o muerte

Cuando Mike y Cathy regresaron a sus asientos luego de un intermedio, Cathy casualmente se percató de que su reloj decía que eran las ocho y media. Comenzaron disminuir la intensidad de las luces para el efecto artístico cuando una increíble poderosa nube oscura de maldad envolvió a Cathy. La presencia del mal era tan fuerte a su alrededor que podía olerla. En su espíritu logró identificarla como un espíritu de muerte y destrucción. El Espíritu Santo le dijo: «Esto ha venido a destruir a alguien con quien estás relacionada, pero no es uno de tus niños». Ella sintió que se levantó un escudo de protección entre la fuerza de maldad y su propio ser, así que sabía que estaba personalmente segura.

Sin titubeos, Cathy comenzó a orar entredientes por una «legión de ángeles». Entonces le sobrevino un severo dolor de espalda. Se sentía como si su espalda se estuviera quebrantando. Ella se retorció del dolor y Mike le susurró: «¿Qué pasa?» Lo único que pudo decir fue: «Mi espíritu está atribulado y mi espalda me duele». Mike le impuso las manos y oró para que su espalda fuera sanada. Cathy continuó orando en el Espíritu entredientes por veinte minutos, entonces sintió una liberación total. La batalla había terminado, la nube malvada se había marchado, ella descansó, disfrutó del resto del concierto y se fue a acostar a la casa.

Tarde esa noche su teléfono sonó. Era el presidente de nuestra Escuela Dominical alertando a la cadena de oración de la clase para que oraran por mí porque había sufrido un terrible accidente. Cathy instantáneamente supo en su espíritu por lo que había orado en el concierto, pero el presidente no pudo confirmar el tiempo exacto de la caída.

A la mañana siguiente, la llamada telefónica que Cathy nos hizo a Doris y a mí fue una de las más increíbles que pueda recordar. No podríamos probarlo en una corte legal, pero Doris y yo no la necesitamos para convencernos que la fidelidad de Cathy en la oración durante esa noche literalmente me salvó la vida física. Satanás había enviado un espíritu malvado (que más tarde localizamos, pero ese es otro relato) para matarme. Por años y años después de eso, Doris y yo sacamos a Cathy y a Mike a cenar cada 25 de marzo para celebrar mi liberación de «la caída» y expresar nuestra gratitud a ella por servirnos.

Siete años de aprendizaje

El incidente de «la caída» fue el dramático comienzo de una relación de compañerismo de oración por siete años, que a la larga alteró la dirección de nuestras vidas y ministerio. Al comienzo ninguno de nosotros sabía mucho acerca de la oración o la intercesión personal.

Aprendimos que los mejores intercesores también necesitan ayuda intercesora durante momentos críticos.

Cathy recuerda que en algún momento antes del incidente alguien le mencionó casualmente que ella podría tener el don de la intercesión. Con posterioridad recibió impresiones internas acerca de familiares que estaban peligrando en dos ocasiones diferentes, pero no tenía idea de cómo responder a ellas. ¡Ambos murieron! Podrá imaginarse cuán agradecido estoy de que la tercera vez supo cómo responder. Cuando me llamó la mañana siguiente, le dije: «Cathy, ¿sabías que este es un don de intercesión?»

A través de los años Cathy se relacionó conmigo y con Doris como nuestra principal intercesora I-1. Esos fueron los años cuando se plantaron los pensamientos seminales para todo el contenido de este libro. Estábamos aprendiendo a cómo recibir intercesión. Tuvimos nuestros altibajos y los necesitamos para aprender lo que ahora sabemos.

Luego de siete años, el don de Cathy se había desarrollado de tal manera que Dios la liberó de su tarea con los Wagner y la asignó para que fuera la líder a tiempo completo en los ministerios DAWN, una agencia misionera internacional que promueve la fundación de iglesias. Ahora es una ministro ordenada y una intercesora para James Montgomery, el presidente de DAWN, y para su esposa, Lyn.

Pocas personas han tenido un efecto tan profundo en nuestras vidas, carreras y ministerios como Cathy Schaller. Su nombre aparecerá en otras ocasiones a medida que continúe el libro.

LOS INTERCESORES TAMBIÉN NECESITAN AYUDA

Unas de las cosas que aprendimos acerca de los intercesores I-1 es que ellos, especialmente durante momentos críticos, también necesitan ayuda intercesora. La guerra espiritual en la que están involucrados a favor del pastor o líder puede resultar abrumadora. Por ejemplo, Moisés no pudo llegar a ser capaz de interceder con efectividad por Josué mientras luchaba en Refidim sin la oportuna ayuda de Aarón y Hur. Recuerdo una ocasión cuando Cathy desesperadamente necesitaba sus Aarón y Hur.

En los años ochenta invité a John Wimber para que me ayudara a impartir un curso nuevo en el Seminario Fuller acerca de «Las señales, maravillas y el iglecrecimiento». Finalmente causó una intensa controversia y estuve en el centro de la misma por años. Sin dudas que esta fue la experiencia más dolorosa que he tenido desde que abandoné el campo misionero en Bolivia. ¡Y duró tres años y medio!

Sin entrar en detalles aquí, les diré que al final de los tres años y medio mi paciencia llegó al límite. Me mantuve a la defensiva durante todo ese tiempo y estaba preparado para ponerme a la ofensiva. Una reunión crucial se planificó con la facultad del seminario. Mi humor estaba muy tenso y tenía mis armas preparadas para la reunión. Fui a la reunión. Uno de los decanos entró con el rostro sumamente serio y puso mi libro *How to Have a Healing Ministry* [Cómo tener un ministerio sanador] en la mesa frente a él. Un distinguido profesor de teología hizo lo mismo. Sabía muy bien que ambos tenían mucha más inteligencia que yo. ¡Creía que se iba a formar algo serio!

Pero comenzó la reunión y no hubo dificultad alguna. La propuesta que presenté se aceptó por unanimidad. Nadie fue desagradable. Se me hicieron un par de preguntas rutinarias, y nada más. Tenías mis pistolas cargadas, pero no tuve que halar el gatillo. ¿Por qué? La guerra espiritual tras bastidores se había realizado antes de que comenzara la reunión. Creo que Cathy, como mi intercesora I-1, fue la principal agente para ganar esta batalla espiritual.

Pero de ninguna manera fue fácil para ella. Al mirar atrás, estoy convencido de que esta reunión de la facultad no sólo fue un momento significativo en mi carrera personal del ministerio, sino también para el Seminario Fuller. Debido a esto, la batalla fue más intensa que lo corriente.

Durante los días anteriores a esa reunión, Cathy experimentó varios sucesos devastadores.

- Su auto se destruyó por completo y recibió una seria lesión en su cuello. La otra persona claramente tuvo la culpa, ¡pero estaban demandando a Cathy!

- La familia de un estudiante de la escuela elemental cristiana en la cual Cathy daba clases en ese entonces había preparado una lista por escrito de treinta acusaciones falsas contra su carácter y competencia. Ella esta emocionalmente devastada. Llevaron las acusaciones a la junta escolar, que por coincidencia se reuniría para considerarlos el mismo día en que se iba a reunir nuestra facultad.

- La cocina de Cathy se incendió y el fuego hizo un agujero en el suelo.

Los Aarón y los Hur

Cathy necesitaba sus Aarón y Hur más que nunca antes. Y Dios los envió.

Del primero que supimos fue de Dave Rumph, un intercesor I-2 que no tiene el don, pero que sí tiene un reconocido don de infundir aliento. Dios le asignó a Dave que orara por Cathy en ese momento, pero especialmente que la llamara varias veces por teléfono durante la semana antes para animarla.

Luego del hecho, nos enteramos de otros ocho que oraron por Cathy. A Christy Graham, mencionada como ejemplo de intercesora de crisis, Dios le encomendó que orara sin cesar por Cathy seis semanas antes de la reunión con la facultad, y ella lo había hecho fielmente todos los días.

Lil Walker, que ahora es una de nuestras intercesoras I-2 pero que en ese entonces no lo era, se le encomendó que orara por Cathy. Linda Stanberry, una misionera en licencia que estaba tomando cursos en Fuller, recibió una carga de una semana para que orara por Cathy. A Nanette Brown, un miembro de nuestra clase de Escuela Dominical, Dios la despertó a las tres y media de la mañana de la reunión de la junta escolar de Cathy y oró por ella durante cuarenta y cinco minutos antes de volver a dormir. Los otros cuatro fueron Yvonne Lindsey, Joanna McClure y Elizabeth Philip de nuestra clase de Escuela Dominical y uno de los maestros de la escuela de Cathy.

Cathy estaba haciendo lo que Evodia y Síntique hicieron por el apóstol Pablo: guerrear en espíritu a mi favor. No tuve que sobrepasar el potencialmente explosivo debate con la facultad que había anticipado. Cathy sufrió el grueso del ataque espiritual por mí. Jamás se le ocurrió quejarse. Estaba usando su don espiritual y fluía con el Espíritu Santo, y sus oraciones a mi favor fueron respondidas. Pero ella necesitaba ayuda. Ninguna de las nueve personas que la ayudaron estaba orando por mí en ese momento. Satanás estaba tratando de que Cathy bajara sus brazos (por usar la analogía de Moisés orando por Josué), pero Dios le proveyó nueve Aarón y Hur.

¿El resultado de sus oraciones? La demanda legal por el accidente no procedía; la junta escolar repudió las acusaciones totalmente; el seguro contra incendios pagó las reparaciones en el piso de la cocina de Cathy y quedó mucho mejor que antes del incendio. Ella nos dijo que la semana después de la reunión de la facultad fue una de las más suaves, agradables y menos tensas que pudiera recordar en relación con su escuela y su familia. ¡Se había luchado y ganado la batalla!

Un análisis útil de lo que sucede espiritualmente en situaciones como esta proviene de Sylvia R. Evans de Elim Bible Fellowship en Lima, Nueva York. Ella dice que una de las bendiciones más maravillosas de Dios es su fidelidad «para despertar intercesores en "la vigilia nocturna" o "la vigilia matutina" y para asignarles el deber de resistir al enemigo». Percibe a los intercesores como centinelas siempre dispuestos para que se les asigne su posición en la batalla.

Hablando acerca de toda la armadura de Dios en Efesios 6, Evans interpreta el pasaje como una sugerencia de que el intercesor «debe ser capaz de resistir con agresividad al enemigo, sufriendo el ataque en lugar de los otros que podrían ser el verdadero blanco. El centinela debe ser capaz de extinguir los dardos encendidos, no sólo contra sí, sino también los que puedan dirigirse contra los que estén vigilando».[3]

Doris y yo estamos agradecidos a Dios por levantar intercesores dispuestos y capaces de sufrir los dardos encendidos del enemigo por nosotros. Son el grupo más precioso de personas relacionadas con nuestras vidas y nuestro ministerio. Y nos regocijamos a medida que vemos en estos días a Dios esparcir esta clase de poder espiritual cada vez más ampliamente a través del Cuerpo de Cristo.

PREGUNTAS DE REFLEXIÓN

1. Este capítulo ilustra cómo la oración afectó los ministerios de D.L. Moody y Gary Greenwald. ¿Puede usted dar un ejemplo de un líder que conozca que le ha pasado algo parecido?
2. Mencione algunas personas que conoce que sirvan como intercesores I-3 para pastores y otros líderes, y hable acerca de esa relación.
3. La experiencia de Pam Marhad resulta útil para muchos cristianos que desean servir a Dios con todo su corazón. ¿A qué se debe que tantos puedan identificarse con ella?
4. ¿Qué cree que realmente sucedió en los cielos cuando Cathy Schaller oró por Peter Wagner durante su caída de la escalera?
5. La intercesión seria por un pastor u otro líder, como se muestra en este capítulo, nos puede exponer a severos ataques del enemigo. Algunos se cuestionan si vale la pena el riesgo. ¿Qué cree usted?

---

3. Sylvia R. Evans, «Watching in Prayer» [Velando en oración], *Intercessors for America Newsletter*, junio de 1989, p. 2.

CAPÍTULO SIETE

Cómo reclutar compañeros de oración

ESTE PODRÍA SER EL CAPÍTULO MÁS IMPORTANTE DEL LIBRO porque muchos pastores y otros líderes cristianos desean ver el poder de la intercesión personal comenzar a fluir a través de sus vidas y ministerios. Satanás no ignora la amenaza que la intercesión por los pastores representa para sus planes malvados. Desea arruinar a los pastores y neutralizar su influencia espiritual en sus iglesias y comunidades al mayor nivel posible. Los intercesores, particularmente la clase que he estado describiendo, retrasan la obra del enemigo de forma definitiva dondequiera que ellos entran en acción.

Una reconocida táctica que el diablo ha empleado en el pasado de manera muy efectiva es manipular los pastores para que elijan pobremente en lo que se refiere a compañeros de oración. Esto puede e interrumpe la recepción de la intercesión personal de dos formas.

La primera que el enemigo usa para desanimar la intercesión es provocar que los pastores elijan intercesores equivocados que terminan causándoles más daño que beneficio. Esto en sí mismo es bastante malo, pero también lleva a la segunda táctica. Una mala experiencia puede provocar que un pastor no sólo ignore el concepto por completo, sino incluso a salir de allí y enseñarle a otros que es imprudente. Un prominente líder que conozco rechazó la intercesión personal por años. Le enseñó a muchos de sus seguidores a rechazarlo hasta que recientemente Dios lo involucró en una relación estrecha con un intercesor que tenía mucha integridad y que provocó que cambiara de parecer.

LOS RESULTADOS DE UNA POBRE ELECCIÓN

Debido a que enseño la intercesión personal en mis seminarios doctorales de ministerio, muchos de mis estudiantes se sienten motivados a buscar la intercesión personal. Cuando regresan a sus iglesias tienen equipos de compañeros de oración funcionando en cosa de semanas, en algunas ocasiones hasta días, cuando Dios ya obviamente había estado preparando el camino para ellos. La inmensa mayoría de los reportes que recibo son positivos y entusiastas. Pero no todos. Uno de los pastores, quien tiene una mente especialmente analítica, no sólo tuvo una mala experiencia, sino que la convirtió en un trabajo escrito para mi seminario avanzado.

Este pastor del medioeste escribe bajo el seudónimo de Paul A. Freedman. Tiene la necesaria estabilidad personal y un nivel de autoestima lo bastante alto como para no dejarse devastar por esta experiencia negativa. Piensa de manera positiva, aprende de sus errores y avanza agresivamente en base a lo que aprende. No en balde su iglesia es floreciente. Creía y todavía cree que «hoy en día la oración intercesora es uno de los elementos más importantes de un ministerio de éxito». Dijo que a partir de la primera ocasión en que escuchó acerca de los compañeros de oración personal en mi seminario, «he llegado a estimar en gran manera y depender del ministerio de los intercesores I-1».

La historia de Paul Freedman ilustra lo que puede suceder cuando las personas equivocadas entran en la crucial posición de un intercesor I-1, y lo que puede suceder cuando las personas correctas ocupan ese lugar.

Paul comenzó a buscar un intercesor I-1 y su iglesia tenía otra necesidad crucial en ese momento. Le dio mucha importancia a la dirección de un fuerte ministerio de oración, pero a medida que la iglesia crecía se percataba de que cada vez podía dedicarle menos tiempo al mismo. Esto causó gran frustración. Era obvio que todo el ministerio de oración necesitaba ponerse al día y reorganizarse.

Hoy en día la oración intercesora es uno de los elementos más importantes de un ministerio de éxito.

Freedman dice que se alegró y se sintió aliviado cuando «una bien amada y muy respetada miembro de la iglesia se me acercó para decirme que había estado orando específicamente por mí todos los días, y que veía una gran necesidad de reorganizar el ministerio de oración de nuestra iglesia». Así que Paul vio que esto satisfacía ambas necesidades. La invitó a convertirse en su intercesora I-1 y también a encargarse del ministerio de oración de la iglesia.

De la duda a la depresión

¡Movimiento malo! Dice: «¡Esperaba respiro y nuevas fuerzas, pero las cosas empeoraron!»

Como ella era una intercesora I-1, Paul comenzó a contarle algunas de sus peticiones personales de oración. Pronto se percató de que al parecer difería con él en ciertos puntos teológicos, pero los consideraba como asuntos menores. Luego averiguó que habían sido la gran preocupación de esta mujer.

A medida que el arreglo continuó, Freedman comenzó a notar que su ministerio parecía ser menos efectivo. Habían más personas insatisfechas que de lo ordinario. Necesitaba utilizar niveles mayores de energía mental y física para obtener los mismos resultados. Siempre estaba cansado. Se enojaba. El enojo lo llevó a la frustración y la frustración a la depresión. Comenta: «Estaba perdiendo mi amor por el ministerio. Sabía que el Señor todavía estaba allí por mí, pero ya no quería estar allí para el Señor. Estaba enojado con Dios y enojado conmigo mismo. ¡Simplemente deseaba abandonar el asunto!»

Entonces el enemigo, cuando tenía a Paul Freedman donde quería, descargó el grueso de su ataque. En una semana, dos mujeres, que no estaban relacionadas entre sí, vinieron a él para recibir «consejería». Ambas se habían encaprichado con él y le dijeron que estarían a su disposición en cualquier momento que lo deseara. Por fortuna, en el caso de Freedman, la alarma interna sonó. Cuenta: «Reconozco los ataques espirituales por lo que son. ¡Rápidamente decidí tomar a mi esposa y marcharme!»

Se alejaron por un mes, buscando nueva objetividad y una relación renovada con Dios. El Señor satisfizo su necesidad y le reveló a Paul Freedman cuál era el centro del problema. Pudo ver con claridad que la mujer que había seleccionado como intercesora I-1 y a la cual pidió que dirigiera el ministerio de oración de la iglesia no era la elección divina. Lo que dice es extremadamente importante: «Ella no estaba sujeta a mi ministerio ni era receptiva a mi autoridad espiritual. En lugar de eso, deseaba cambiarme a través de la oración. Procuraba controlarme pidiéndole a Dios que me cambiara en lo que ella consideraba correcto».

Mientras tanto, la influencia negativa de la mujer se había esparcido. Logró que algunos de los intercesores I-2 se volvieran contra el pastor y provocó descontento, división, enojo y hasta rebelión entre los miembros de la iglesia. Como resultado, varias familias abandonaron la iglesia.

Una vez que se percató de esto, Paul Freedman enfrentó entonces lo que creía sería su mayor dolor de cabeza. ¿Cómo le diría a esta mujer lo que ahora sabía sin causar una explosión y un posible cisma en la iglesia? Ella tenía mucha influencia en la congregación.

Pero Dios lo sabía todo y se le había adelantado a Paul. Antes de que los Freedman regresaran de sus vacaciones, la mujer y su familia abandonaron la iglesia, citando diferencias teológicas como razón para ello.

El reemplazo de la falsa intercesora

Sucede que esta increíblemente tranquila solución a un posible desastre ocurrió debido a la oración intercesora positiva. Antes de que Freedman regresara de sus vacaciones, Dios había reemplazado la mujer que antes servía como intercesora con los que al final llegaron a ser tres nuevos intercesores I-1. Ninguno sabía nada acerca de los otros dos. Todos habían estado orando y también habían estado escribiendo diariamente lo que el Señor les había estado revelando para Paul. Cada uno llevaba meses orando por él. Es indudable que el enemigo se apoyó en el intercesor falso para impedir que el pastor los reconociera como intercesores anteriormente.

Cuando los nuevos intercesores compararon sus notas, la consistencia y concordancia en lo que Dios les estaba mostrando era abrumadora. Sorprendentemente, dos de los tres ya sabían con meses de anterioridad y de manera clara que el pastor sería tentado por mujeres tontas y lujuriosas. Paul concluye correctamente: «Es posible que las advertencias que recibieron los intercesores con antelación para que oraran por mí haya salvado mi ministerio».

¿Y el resultado? En unos pocos meses se instaló un nuevo ministerio de oración y la iglesia comenzó a crecer de nuevo. Paul Freedman dice: «Durante un trimestre, bajo las oraciones de los guerreros elegidos por Dios, nuestra iglesia recibió como miembros la cantidad más grande de miembros nuevos en la historia. También vimos el promedio de las ofrendas semanales alcanzar su mayor nivel».

El riesgo de realizar un error como el que cometió Freedman viene con el territorio. Pero creo que podemos aprender de él y de las experiencias de otros y reducir esos errores al mínimo.

CÓMO RECLUTAR PERSONAS QUE OREN A CORTO PLAZO

Nada de lo que he dicho hasta ahora debe llevarnos a imaginarnos que la única oración que los pastores y otros líderes cristianos necesitan recibir es la de reconocidos intercesores I-1, I-2, I-3. Por ejemplo, muchos miembros de mi clase de la Escuela Dominical no oran por mí de forma regular o diaria, mas oran cuando hay una necesidad especial. Considero importante comunicarles mis peticiones generales de oración y algunas específicas. Cada semana informo las peticiones.

Sandra Gilbreath, una de nuestras intercesoras I-2, también dirige el ministerio de oración de La Fraternidad de 120. Sandra dirige el ministerio de oración en el tiempo de la clase; identifica y recluta a los que tienen un deseo especial de orar por personas y necesidades de la clase; dirige una reunión de oración antes de la clase; procesa las hojas de petición de oración que se llenan en la clase; organiza las cadenas de oración para las necesidades especiales cuando haga falta.

Por ejemplo, cuando Doris o yo, o ambos partimos a algún viaje ministerial, Sandra organiza una cadena de ayuno y oración. No lo pedimos en cada viaje para evitar que se convierta en un formalismo o una rutina. Pero cuando sentimos que cierto ministerio será un blanco especial en la guerra espiritual, Sandra organiza su cadena de oración.

Sandra acostumbra a cortar, pegar y fotocopiar una página de una agenda que contiene espacios para todos los días que estaremos fuera, incluyendo una semana después del viaje. Hemos aprendido en base a experiencias duras que los ataques espirituales con frecuencia vienen justo después y no durante cierta tarea ministerial. Sandra entonces hace un anuncio en la clase y pasa la hoja preparada. Los miembros, ya sean o no compañeros de los Wagner, ponen sus nombres en uno o más de los días en los cuales prometen ayunar al menos una comida y orar por nosotros y el ministerio. Sandra entonces nos da una fotocopia del calendario lleno y le recuerda a los que han firmado cuando su día ha llegado.

No siempre lo hago, pero guardé mi copia del plan de oración de un viaje reciente a la Argentina y Brasil que contiene algunas notas que hice en él. Cada día tiene al menos dos personas orando y hasta cuatro. Los ataques más visibles durante este tiempo fueron físicos. Por supuesto, pudo haber otros de los cuales ni siquiera me enteré debido a la oración. Veo en mis notas que en una vez perdí mi voz, en una ocasión tuve la cabeza congestionada, en otra una seria tos y en otra oportunidad tuve un agudo ataque de diverticulitis. Todos estos duraron poco tiempo, lo cual no es común, y ninguno llegó a ser una barrera de forma alguna para mi ministerio durante esos días. Creo que una vez más el enemigo se vio frustrado mediante la oración.

CÓMO RECLUTAR INTERCESORES I-3

Por lo general, hay cierta distancia entre lo que he llamado personas que oran a corto plazo y los intercesores I-3. Teóricamente no hay límite a la cantidad de intercesores I-3 necesarios para apoyar un ministerio dado. La única limitación de la cual estoy consciente es la capacidad de mantenerlos informados. Más tarde deseo discutir esto en detalles, pero aquí sólo mencionaré que la manera de mantener los intercesores I-3 informados es a través de una carta regular. Escribir y enviar tales cartas es donde la cantidad de personas en la lista puede aumentar las demandas de recursos de tiempo, energía y dinero.

En la actualidad Doris y yo tenemos ciento un intercesores I-3 a los que les enviamos una carta periódicamente. Nos gustaría más personas orando por nosotros y tal vez tengamos una cantidad desconocida de otros que también oran por nosotros con regularidad. Tratamos de mantener la lista de I-3 al nivel más alto de compromiso y calidad que podamos. No añadimos nombres con facilidad o indiscriminadamente. Puedo pasar tarjetas para que las personas las llenen durante mis seminarios y quizás desarrolle una lista de correspondencia de unos diez mil durante un tiempo. Pero el nivel de compromiso bajaría dramáticamente. Muchos de estos considerarían nuestra carta como una revista y otros, a medida que pasa más tiempo del seminario, se acostumbrarían a botar la carta sin leerla.

Por otra parte, ninguna oración se desperdicia. Prefiero tener cien pastores orando por mí durante una o dos semanas después de un seminario, a que no oren nunca por mí. Así que continúo pidiendo a las personas que oren por nosotros. Los pastores también deberían hacer esto semana tras semana desde sus púlpitos. Mientras más personales sean las peticiones, mejor... hasta cierto punto. Los líderes de ministerios deben incluir peticiones de oración en sus publicaciones. Y muchas personas que oran responderán positivamente.

Pero los que respondan no deben confundirse con los intercesores I-3 a menos que la categoría llegue a ser insignificante. Algunos podrán ser I-3, pero los verdaderos intercesores I-3, no importa cuán remotos estén del pastor o el líder, han sentido un llamado de Dios para orar por el pastor de forma regular, a pesar de que no necesariamente sea diario. Esperan que su compromiso continúe por un período considerable.

EL RECLUTAMIENTO DE INTERCESORES I-2

Me gusta la fórmula que Cindy Jacobs recomienda para reclutar intercesores I-2. Ella usa Lucas 11.9 donde dice *pedid* y se nos dará, *buscad* y hallaremos, *llamad* y se nos abrirá. *Pedid*, de acuerdo con la fórmula de Jacobs, es orarle al Señor que toque a los compañeros potenciales de oración y que los prepare. *Buscad* es sentarse y hacer una lista de todos los que, en base a observaciones generales o pasadas experiencias, parece como si podrían estar orando por usted o dispuestos a orar por usted. *Llamad* entonces es ponerse en contacto con los de la lista mediante una carta o por teléfono.

Cindy dice que cuando escuchó por vez primera acerca de los compañeros de oración personal ella y su familia estaban pasando por momentos difíciles. Su esposo tenía problemas poco comunes en el trabajo, los niños estaban bajo severos hostigamientos y parecía que sólo se movían de crisis en crisis. Un día dijo: «¡Ya basta! ¡Estoy harta de este ataque!» Así que oró para que el Señor enviara intercesores personales. Entonces hizo una lista y se puso en contacto con ellos, enfatizando que las peticiones de oración debían considerarse confidenciales. Cindy dice que, la carta que escribió «explicaba que ella comunicaría detalles íntimos que no debían revelarse a ninguna otra persona aparte de nuestros compañeros de oración».[1]

¿Cuáles fueron los resultados? La respuesta fue tremendamente alentadora. En una semana todos los problemas inmediatos se aclararon. Cindy dice: «Todos los compañeros de oración que apoya a "Generales de intercesión" son intercesores de primera y nos impresiona profundamente su obra de amor a favor nuestro. Desde que ellos han estado orando por nosotros, nuestro ministerio ha experimentado un crecimiento explosivo».[2]

Pidamos a Dios

Algunos líderes que entienden la intercesión personal sienten que no deben reclutar activamente a los intercesores I-2,

---

1. Cindy Jacobs, *Conquistemos las puertas del enemigo*, Editorial Betania, Miami, FL, 1993, pp. 189-190.
2. *Ibid.*, p. 184.

sino que deben detenerse en la primera parte de la fórmula de Jacobs y pedírselos a Dios. Esta es la costumbre del pastor Paul Walker de la Iglesia de Dios Monte Paran en Atlanta. Como mencioné en un capítulo anterior, sabe de cincuenta intercesores I-2 en su congregación que oran por él. La mayoría son mujeres maduras. Cada una, hasta donde sepa, fue directa e individualmente llamada por Dios para ese importante ministerio. Paul Walker me dijo que acostumbraba tener un intercesor I-1 y que le agradaría tener otro, pero que siente que Dios debe tomar la iniciativa y una vez más espera en Él.

Una de las respuestas más dramáticas a la oración que he escuchado en relación a los intercesores I-2 ocurrió en Kenya. Uno de mis estudiantes, Francis Kamau, que es un pastor de las Asambleas de Dios, dijo que tenía tres intercesores I-1 pero que nunca había pensado mucho acerca de los I-2. Esto fue antes de aprender mi terminología, pero se ajustó exactamente cuando la aprendió.

Un día los tres I-1 vinieron a Francis y le dijeron que Dios les estaba diciendo que él necesitaba más compañeros de oración y que Dios se los daría. Los cuatro pactaron orar durante una semana por intercesores I-2. El viernes de esa semana el pastor Kamau recibió no menos de veintidós llamadas telefónicas que decían: «Pastor, ¡Dios me ha dicho que ore por usted!» ¡Bromeando le pregunte si me podría alquilar algunos de esos compañeros de oración I-1!

Buscad y llamad

La segunda parte de la fórmula Jacobs «buscad y llamad», también da buenos resultados. Jerry Johnson ha sido el pastor ejecutivo de mi iglesia por dos décadas. Se motivó a reclutar compañeros de oración en 1986 cuando visitó Corea por vez primera y se pasó algún tiempo con Dios en una de las montañas de oración que se encuentran allí. Desde ese entonces ha incrementado su propio tiempo de oración a una hora, y comenzó a pedirle a Dios intercesores I-2. Entonces hizo una lista y le escribió a cuarenta personas retándolas a comprometerse a orar por él al menos una vez al día, y a indicar qué día o días habría de orar.

De las cuarenta personas en la lista de Jerry, treinta y una respondieron y varias comprometieron más de un día o cada día a orar por él. Jerry luego me informó que el número ha subido a cincuenta y tres compañeros de oración. Sabe que en algunos días al menos seis o siete están orando por él. Se ha percatado, y los miembros de la iglesia también, el aumento en poder en su ministerio desde que reclutó a los compañeros de oración.

Doris y yo hemos visto funcionar ambas partes de la fórmula de Jacobs. Comenzamos reclutando nuestros primer equipo de compañeros de oración I-2. En 1988 Doris y yo llevamos a Cathy Schaller, quien fuera nuestra intercesora I-1 durante cinco años, y a su familia a San Diego por un fin de semana con el objetivo de aprender más acerca de cómo funciona la intercesión personal, y para descansar un poco y también para investigar la dinámica de oración en la Iglesia Wesleyana Skyline bajo el liderazgo de John Maxwell. Al regresar a la casa, estábamos convencidos de que necesitábamos actuar de alguna forma.

La formación del equipo

En ese entonces Cathy también era líder del equipo pastoral de la clase de Escuela Dominical, y ella sabía más acerca de los miembros de la clase que cualquiera otra persona. Así que la llamé y le dije: «Cathy, podrías, por favor, hacer una lista de los miembros de la clase que te consta ya están orando por nosotros de forma regular, y entonces acércate a ellos uno por uno para ver si podrían comprometerse a una relación I-2 con nosotros. Sobre todo, cuando les preguntes hazlo de tal manera que sean capaces de negarse con facilidad si no sienten que Dios los está llamando a hacerlo».

Creí que este era el procedimiento más sabio, porque si me les hubiera acercado personalmente sospecho que algunos, sólo por amor y respeto a mí, no se hubieran negado, aunque así lo sintieran. Dio buenos resultados y juntamos nuestro equipo inicial de trece intercesores I-2 que junto a Cathy hicieron un equipo de compañeros de oración de catorce.

No recuerdo cuántos dijeron que no, pero anoté mentalmente que uno de ellos era Lil Walker, miembro de la clase conocida por tener el don de la intercesión espiritual. Lil le dijo a Cathy, y después a mí personalmente, que aunque Dios le indicó que orara por mí de vez en cuando, Él la había asignado como una intercesora I-1 para nuestro pastor, Paul Cedar, y que ella no se sintió en libertad de tomar otro compromiso regular.

Para completar el relato, en ese entonces Paul Cedar se marchó, Lil fue liberada de la tarea y ahora ella es una de nuestras intercesoras I-2. Pero mi punto es que es muy importante darle entera libertad a las personas para que rechacen la invitación si no parece correcta en ese momento. Yo mismo, casualmente, fui uno de los que rechazó la invitación inicial de Jerry Johnson. Lo último que cada uno de nosotros necesita es un intercesor como el de Paul Freedman.

La regla: lento y cuidadoso

Aun cuando Dios inicia el proceso, Doris y yo hemos sido muy lentos y cuidadosos en cuanto a invitar más intercesores I-2. Un punto clave en nuestro ministerio vino al final del gran Congreso de Lausana sobre Evangelización Mundial en Manila en el verano de 1989.

En el Congreso de Lausana sentimos que Dios estaba colocando la guerra espiritual a nivel estratégico a un alto nivel en nuestros planes ministeriales para los noventa. En ese entonces no conocíamos la amplia extensión de este cambio, pero Dios lo sabía y comenzó a proveernos algunos intercesores de clase mundial para añadirlos a nuestro equipo de I-2. Sin dudas que la intensidad de la guerra espiritual personal en la que ahora estamos involucrados ha aumentado de forma considerable y, francamente, necesitamos más ayuda que antes.

La primera intercesora I-2 adicional fue Cindy Jacobs, a quien he mencionado varias veces. Nos conocimos en 1989 en una Reunión Cumbre de Oración en Washington, D.C., y Doris y yo formamos una estrecha relación de amistad con Cindy y Mike. Hicimos varias cosas juntos, pero aun así nos llevó a Doris y a mí varios meses para acercarnos a Cindy para que se uniera a nuestro ministerio como compañera de oración. Un tiempo antes ella supo por el Espíritu Santo que la invitaríamos, pero aguardó con paciencia.

Cindy entonces nos presentó a la próxima intercesora I-2, Bobbye Byerly. Jamás habíamos oído acerca de ella hasta que la conocimos en Manila cuando era parte del equipo de intercesión de veinticuatro horas para el Congreso de Lausana. Cindy nos dijo en privado que, al menos hasta donde ella sabía, Bobbye tenía una de las mejores reputaciones internacionales como intercesora. Bobbye y su esposo Jim nos agradaron mucho, pero jamás soñamos que Dios nos otorgaría esta mujer de quien Cindy había hablado con tan alta estima como compañera de oración.

Un día cerca del final de la conferencia de Manila, Bobbye nos llamó aparte y dijo que deseaba hablar con nosotros. Nos dijo que no había dormido la noche anterior, lo cual no es algo extraño en un intercesor. Pero entonces añadió que Dios la había mantenido despierta toda la noche para ¡asignarla a orar por nosotros! Nos dijo que sólo habían otras dos personas a las cuales Dios le había asignado que orara en aquel momento, Jane Hansen y Joy Dawson.

Proviniendo de una mujer que era tan ampliamente respetada por su capacidad de escuchar de parte de Dios, esto nos sorprendió. Sin embargo, nosotros como siempre fuimos cuidadosos. Y Bobbye fue muy amable en eso, nunca insistió de mala manera a pesar de que conocía de antemano cuál sería el resultado. No obstante, tardamos cuatro meses para convencernos de que la puerta verdaderamente estaba abierta. Luego le dije que fue un reto especial que orara por profesores del seminario porque ellos son muy cuidadosos. Aun entonces, eludimos la cosa un poco al pedirle a Cindy que llamara a Bobbye y le expresara cómo nos sentíamos, brindándole suficiente libertad para negarse a nuestra petición. Ella, por supuesto, accedió, y tenemos una maravillosa relación.

EL RECLUTAMIENTO DE LOS INTERCESORES I-1

Si hace falta más cuidado para reclutar intercesores I-2 que para los I-3, es necesario ejercer aún más cuidado al elegir los I-1. Estoy de acuerdo con Paul Walker en que en esta categoría Dios mismo debe ser el que inicie el contacto. Pienso que el único procedimiento aconsejable para nosotros los que somos pastores y líderes es ir directamente a Dios y *pedírselos*, comenzando y deteniéndonos en el primer punto de la fórmula de Jacobs.

Ya relaté la increíble historia de cómo Dios utilizó la trama de Satanás para matarme en mi garage para unirnos a Cathy Schaller como nuestra primera intercesora I-1. Un suceso similar en lo sobrenatural nos unió a nuestra actual intercesora I-1, Alice Smith.

Doris y yo fuimos a Seúl, Corea, en el verano de 1990, para participar en la conferencia anual de Iglecrecimiento Internacional de Paul Yonggi. Soy de la junta de Cho y enseño en su conferencia casi todos los años. Ese año en particular cometimos un error que no hemos repetido, al decidir sostener la sesión didáctica plenaria en el santuario de la iglesia Yoido del Evangelio Completo en lugar de hacerlo en una de las capillas más pequeñas. El santuario tiene capacidad para veinticinco mil y sólo habían asistido tres mil así que la cosa más prominente que vimos desde la plataforma eran asientos vacíos.

«Ella es una intercesora»

Cho mismo realizó la primera sesión didáctica en la conferencia e hizo que su junta se sentara en la plataforma tras él. Debo admitir que cuando me senté en la última fila de la sección de los miembros de la junta, mi mente no estaba del todo en la enseñanza de Cho, a pesar de lo excelente que era. Durante varios años había escuchado la misma enseñanza.

Es más, voy aún más lejos al confesar que tenía una libreta en mis manos, pero en lugar de tomar notas estaba poniéndome al día con alguna correspondencia urgente. Naturalmente, de vez en cuando miraba y asentía, y en una ocasión cuando hice esto, mis ojos se enfocaron en una persona sentada tan lejos que sólo podía decir que era una mujer, pero no podía distinguirla. Cuando la miré, Dios me habló claramente a mi espíritu diciendo: «¡Ella es una intercesora!» Pensé que era bueno que tuviéramos al menos una intercesora en la audiencia y proseguí escribiendo cartas.

Pero en dos ocasiones sucedió la misma cosa. Era tan impresionante como para que hiciera una nota mental, pero no pensé más acerca de ello hasta el receso. También había visto a dos de mis estudiantes en Fuller en la audiencia y como todavía no los había saludado, salí de la plataforma y me les acerqué en la parte trasera donde estaban parados. Sucede que estaban parados justamente al lado del hombre que creí era el esposo de la intercesora. Ella misma estaba parada a unos nueve metros hablando con otra persona.

Luego de conversar con mis estudiantes, conocí al hombre que se presentó como Eddie Smith, un pastor en el personal de la Iglesia Bautista Calvario en Houston, Texas. Con un tanto de malicia decidí probar a Eddie con un par de preguntas un tanto pesadas acerca de la intercesión para ver si este bautista del Sur conocía mucho acerca de eso. ¡Las contestó perfectamente! Entonces me le acerqué a su esposa.

Ella me dijo que su nombre era Alice Smith. Súbitamente le dije:

—Usted es una intercesora, ¿verdad?

—¿Cómo lo supo? —dijo ella sorprendida.

—Dios me lo dijo mientras estaba en la plataforma —repliqué.

¡Alice comenzó a sollozar!

—No puedo creer que estoy hablando con usted —exclamó—. Hace seis meses Dios me dijo que comenzara a orar por usted y así lo he estado haciendo constantemente desde ese entonces. ¡Jamás pensé que habría de conocerlo personalmente!

La conversación prosiguió desde ese punto. Alice me dijo, entre otras cosas, de cuánta bendición había sido para Steve Meeks, su pastor, un artículo acerca de la intercesión, intitulado: *Cómo equipar a los santos*, que yo había escrito en la revista Vineyard. Entonces Doris y yo planeamos pasarnos varias horas con Alice y Eddie antes de marcharnos de Corea. En una ocasión le pregunté a Doris:

—¿Crees que Alice podría ser una candidata para una compañera de oración?

—¿Qué estamos esperando? —dijo Doris—. ¡Es mejor que la invitemos antes de marcharnos!

Esto se desviaba radicalmente de nuestro procedimiento común. Alice era una completa extraña y habíamos esperado tres meses antes de invitar a una intercesora internacionalmente reconocida como Bobbye Byerly. Pero ambos teníamos un fuerte testimonio en nuestros espíritus de que Alice sería una compañera de oración. Así que le preguntamos y de inmediato aceptó porque hacía seis meses que sabía que Dios le había asignado el trabajo.

En ese momento Alice se convirtió en una compañera de oración I-2. Pero uno o dos meses después, mientras oraba durante mi tiempo de oración privada, la palabra del Señor me vino tan fuertemente que «apunté» la palabra por primera o segunda vez, que pueda recordar. Todo el asunto trataba acerca de mi futura dirección y Alice Smith.

Entre otras cosas, Dios me dijo que Alice sería mi intercesora más poderosa. Le pregunté a Dios cómo podría ser esto ya que Cathy Schaller había sido mi intercesora más eficaz por varios años. No respondió en aquel entonces, pero unas semanas después me mostró que le estaba otorgando otra tarea a Cathy con los ministerios DAWN. Mientras tanto había hablado con Alice acerca de cambiar de I-2 a I-1. Me asombré de la bondad de Dios al proveernos una nueva intercesora I-1 aun antes de reasignar la que tan benignamente nos había dado por siete años.

Intercesión que salva la vida

Un par de meses después de esto, Dios pareció sellar esta nueva relación con un segundo incidente del que creo que mi vida física fue salvada una vez más. La primera vez, cuando Cathy oró por mí cuando me caía de la escalera, implicó varios detalles físicos tangibles que indicaban una causa y efecto probables aunque, como dije, no podría probar en una corte legal que su oración salvó mi vida. Este segundo incidente como único se puede interpretar es en el Espíritu y sólo podemos especular sobre lo que me pudo suceder de no ser por la intercesión de Alice.

Alice Smith, de cuarenta años, es madre de cuatro niños y agente de bienes raíces. Es además maestra bíblica y conferenciante. Me llamó el 23 de noviembre de 1990 para decirme lo que le había sucedido el 15 de noviembre. Ese día ya había estado orando por Doris y por mí durante dos horas y media cuando le sobrevino un cambio y comenzó una guerra espiritual increíblemente intensa. Este era el ataque más portentoso en el que había estado involucrada en más de dieciséis años de experiencia con la guerra espiritual de alto nivel. Ella escribió en su diario: una y quince de la tarde, y sabía que estaba en grave peligro físico.

A medida que comenzó a interceder, el Señor le dio una visión de un principado que provenía del sur. Información posterior nos ha llevado a sospechar que la fuente de este ataque fue el espíritu de la muerte conocido como San La Muerte, con el que batallamos en Argentina en la mayor parte de 1990. La historia de esa batalla en el frente en Argentina se relata en mi libro *Oración de guerra*. No sabemos si ese espíritu de muerte estaba directamente involucrado o si se habían otorgado asignaciones por medio de algún tipo de jerarquía de ángeles de las tinieblas.

Alice dice: «El principado era tan enorme como un hombre y estaba flotando sobre el hombro izquierdo de

Peter con una flecha en su mano apuntando a su corazón.
Yo gritaba: "¡Sálvalo Señor! ¡Apiádate y sálvalo!" El Señor
reveló que este era un espíritu de muerte. Le pregunte al
Espíritu Santo si Peter estaba bien, y respondió: "¡Su vida
está en balanza!" ¡Entonces me inundó mucho dolor! Estaba
bajo tanta labor de oración que me arrastré hasta el teléfono
y le pedí a Eddie que orara. Luego Eddie me dijo que pensó
que estaba muriendo y reclutó al pastor Steve Meeks y a
algunos de nuestros otros intercesores para ayudar. La
batalla se hizo más intensa. Grité pidiendo misericordia,
recordándole al Padre de sus planes para Peter, pronun-
ciando la Escritura, batallando contra las fuerzas de las
tinieblas. Entonces, a la una y cincuenta y siete de la tarde,
tan pronto como comenzó, se terminó. Vi a un ángel guerrero del Señor venir y quitarle la flecha de la mano del
principado, quebrarla en dos sobre su rodilla ¡y partir hacia
el oeste! El espíritu de muerte simplemente se desvaneció».

**Filtre los farsantes. Los intercesores
pueden aparecer en escena, y a veces
así lo hacen, por motivos malos.**

Alice estaba completamente fatigada. Su fortaleza se
había ido. Sus piernas las sentía fláccidas. Estuvo sobre el
suelo una hora y media después que terminó todo antes de
poder levantarse y proseguir con sus asuntos.

¿Y yo? Qué hubiera ocurrido entre las once de la
mañana y las doce del mediodía en mi zona de tiempo en
ese día. Ni Doris ni yo podemos recordar ninguna señal de
peligro a nuestro alrededor en ese momento. Aparentemente, Alice había desviado al espíritu de la muerte como
durante la Guerra del Golfo Pérsico un proyectil Patriota
interceptó los proyectiles Scud antes de que pudieran caer
a tierra y explotar. El apóstol Pablo estaba agradecido de
que Evodia y Síntique realizaban la guerra espiritual a su

favor. Doris y yo estamos igualmente agradecidos por intercesoras I-1 como Cathy y Alice que han recibido muchos de los golpes de enemigo por nosotros.

LOS INTERCESORES CAMBIAN DE FUNCIÓN

Debido a que soy una persona muy analítica u orientada por el hemisferio izquierdo del cerebro, me siento muy a gusto con categorías tales como I-1 e I-2. Sé que a todos no les agrada trazar esos límites. Es importante percatarse de que aun con los límites, Dios empuja a los intercesores de una parte a otra de ellos de acuerdo a como lo decida. Quizás los límites no sean tan importantes después de todo. Varios de nuestros intercesores I-2 han reportado sostener intensa batalla espiritual mientras oraban por nosotros. Y estoy seguro de que ha sucedido en muchas otras ocasiones que desconocemos porque los intercesores experimentados sólo dirán esas experiencias siempre y cuando Dios se lo permita. Hay muchas cosas que suceden a través de ellos que desconocemos por completo.

Hace unos años una de nuestras intercesoras I-2 era Cathryn Hoellwarth, que en aquel entonces era miembro de nuestra Escuela Dominical, pero que ya se mudó. Me encontraba en un viaje ministerial y Cathryn estaba presente en el servicio vespertino dominical en la Hermandad Vineyard de Anaheim en donde John Wimber sirve como pastor. Sucede que Doris estaba sentada dos filas frente a ella. Cuando Cathryn miró a Doris, vio una representación de mi cabeza rodeada de nubes negras opresoras. Ella comenzó a interceder por mí, creyendo que era una lucha de vida o muerte.

Más tarde esa semana, Cathryn descubrió que yo había estado en un vuelo a Detroit y, por alguna razón desconocida, me había desmayado en el avión. Los paramédicos y la ambulancia aguardaban por mí en Detroit, pero luego de un minucioso examen no pudieron hallar nada malo y me dejaron ir. Al día siguiente llamé a Cathy Shaller desde

Detroit y le pregunté si había estado orando por mí. Ella dijo que no había sentido ninguna urgencia especial por orar en ese momento. Aparentemente Dios había decidido llamar a Cathryn para que se colocara en la brecha para esa tarea. Cathryn dice: «Supongo que Dios utiliza los intercesores I-2 cuando los intercesores I-1 no están disponibles». ¡Que pensamiento más alentador!

LA FILTRACIÓN DE LOS FARSANTES

«Intercesión a lo loco» es uno de los capítulos más discutidos en el excelente libro *Conquistemos las puertas del enemigo*, de Cindy Jacobs. Ella describe a los intercesores farsantes como «hombres y mujeres que, por una variedad de motivos, se alejan de los principios bíblicos en su celo por la oración. Acarrean reproches para su ministerio y causan confusión y división en la iglesia».[3]

Tengo tanta estima por los intercesores que me molesta pensar que cualquiera podría ser algo menos que angélico, pero la realidad es diferente como vimos anteriormente en este capítulo en la historia del pastor Paul Freedman.

Por fortuna estamos hablando acerca de una minoría y a medida que libros como el de Cindy circulen, espero que esa minoría se reduzca cada vez más.

Los intercesores pueden aparecer en escena, y a veces así lo hacen, por motivos malos. Tengo una lista de seis de ellos que Doris y yo hemos utilizado como guía para filtrar a los farsantes.

1. *El derecho a alardear*. Algunos intercesores disfrutan con gran placer cuando alardean de que «yo soy el que ora por el pastor». Mientras mayor sea la iglesia y mayor sea la inaccesibilidad del pastor para con los miembros ordinarios de la iglesia, más aguda será la tentación de alardear de esta manera. Lo mismo sería con cualquier líder cristiano, especialmente los reconocidos nacional e internacionalmente.

---

3. *Ibid.*, p. 144.

2. La necesidad de controlar. Esta podría ser la característica más perniciosa y dominante de un intercesor farsante. Lo vimos claramente en la mujer que oró por Paul Freedman y causó un desastre. Cindy Jacobs habla de «Estelle», en cuyo grupo de oración «comenzaron a orar fervientemente que el pastor pudiera "ver la luz y ponerse en línea con Dios" (lo cual era sinónimo de ponerse en línea con ellos)». El error de Estelle, dice Cindy, fue que «sentía que sus "revelaciones" eran superiores a las que el pastor o los ancianos recibían de Dios».[4] Entonces continúa explicando cómo esta tendencia puede denominarse como un «espíritu de Absalón». La necesidad de controlar es muy peligrosa y, de surgir en algún momento, no debe tolerarse en un compañero de oración.

3. La codicia o la seducción. Es triste, pero cierto, que algunas mujeres que podrían o no ser verdaderas intercesoras son tentadas por la codicia de la carne. Son lo suficientemente astutas como para reconocer la relación de compañerismo de oración como un posible sendero hacia la seducción. La mayoría de los pastores han desarrollado mecanismos de defensa para no permitir que suceda esto en la relación de consejería, pero algunos se podrían enceguecer por compañeros de oración de confianza. Una mujer intentó esto conmigo, ¡pero afortunadamente no fue muy buena en esa tarea! Por cierto que Doris presintió sus intenciones casi desde el momento que pasó de su oficina exterior a la mía. Esto no sólo es una *pequeña* farsa; ¡es *grande*!

4. El sentimentalismo. «Orar por su pastor sería algo muy agradable. Me encantaría intentarlo. Creo que podría ayudar mucho al pastor orando por él con regularidad». Aseveraciones como esta reflejan un nivel bajo de entendimiento de la intercesión en general, y motivos equivocados en particular.

5. Orgullo. Los intercesores que tienen motivaciones equivocadas no son capaces de dirigir el gozo y el estímulo

---

4. *Ibid.*, pp. 144,146.

espiritual que provienen de escuchar a Dios y orar para que su voluntad se realice a través del pastor. Por consiguiente se autoestiman más de lo debido. Casi todos los intercesores reconocidos han tenido batallas con el orgullo interno y la mayoría están siempre en guardia en su contra. Dondequiera que se levanta la fea cabeza del orgullo, inmediatamente lo confiesan y destruyen la fortaleza. Algunos buscan ayuda de otros intercesores. Pero es triste que otros caigan presa del orgullo espiritual. Este se manifiesta de varias maneras, una de las más destructivas es la tendencia a chismear acerca del pastor o de detalles íntimos del ministerio.

6. Las necesidades emocionales personales. El ministerio de la intercesión parece ser un imán para las personas perturbadas emocionalmente. Los líderes de oración están muy conscientes de esto y han desarrollado maneras y medios para lidiar con estas personas sin complicar aún más sus problemas emocionales. Pero cuando también procuran relaciones personales como compañeros de oración, los peligros son obvios. Los que piensan: «Si sólo pudiera ser el compañero de oración del pastor seré sanado», necesitan buscar otras formas más viables de terapia.

No disfruto pensar o escribir acerca de las deficiencias de los intercesores. Prefiero describir sus características positivas como haré en el próximo capítulo.

PREGUNTAS DE REFLEXIÓN

1. Discuta la historia de Paul Freedman. ¿Cómo podría evitarse este error tan trágico?
2. ¿Cómo respondería a la invitación de un pastor para que llegara a ser un intercesor I-3? ¿Y qué en cuánto a ser un I-2?
3. Hay una diferencia de opinión en cuanto a si los intercesores I-2 deben ser reclutados o llamados específi-

camente por Dios para orar por el líder. ¿Qué piensa usted?

4. Repase y discuta las tres partes de la fórmula de Cindy Jacobs para reclutar intercesores.

5. Sin mencionar nombres, ofrezca algunos ejemplos concretos de algunas personas que han utilizado los motivos equivocados mencionados en el final del capítulo.

Capítulo Ocho
Un perfil de los intercesores personales

EN UN PASADO NO MUY DISTANTE NO HUBIERA PODIDO explicar lo que era un intercesor personal. Sin embargo, durante los últimos años me he llegado a percatar de que son lo mejor del Reino de Dios. Son los boinas verdes, los Phi Beta Kappas, los equipos olímpicos de la comunidad de Dios. Es más, poco después de formar mi propio equipo de compañeros personales de oración pasé por un período en el cual fui intimidado por los intercesores y además sentía envidia de ellos.

Recuerdo una mañana en particular cuando luchaba en relación a este asunto ante Dios en oración. Dije: «Padre, por favor, dame una intimidad contigo como la que veo en estos intercesores. Quiero ser como ellos».

Entonces vino uno de esos momentos que son esporádicos en mí, pero que son el pan diario de los intercesores, cuando claramente escuché a Dios hablándome en respuesta a mi petición. Primero me dijo que tomara un lapicero y dibujara tres escalones, lo cual hice con rapidez.

Entonces Dios me mostró que los intercesores están en el escalón superior y yo en el central. Las multitudes están en el último escalón. Él dijo que los intercesores están demasiado arriba como para alcanzar y ayudar a muchos de los que se encuentran en el último escalón. Él deseaba que yo fuera una de las personas en el escalón central que estuviera en contacto directo con los intercesores, pero que también ayudara a muchas personas a subir la escalera. Dijo que muchos de los que iba a ayudar a pasar del último escalón al del medio proseguirían y me pasarían.

Sentí que escuché a Dios decir que mi tarea no era servirle en su cuarto del trono, sino estar fuera del cuarto del trono ayudando a otros a acercarse. Los que ya están en el cuarto del trono serán un vínculo mayor en acercarme más a Dios.

Dios me aseguró que sí tenía acceso abierto a Él. Afirmó el sacerdocio de todos los creyentes. La cuestión no era el acceso a Él, sino el grado de intimidad. Me mostró que su familia es enorme y que ama a todos sus hijos. Su deseo perfecto y el llamado para cada hijo es que esté en el lugar donde sea de mayor bendición para todos. No obstante, no todos sus hijos están aún en el lugar que Él desea para ellos, pero pareció asegurarme de que yo estaba exactamente en el lugar donde se supone que estuviera, y que debía regocijarme en ello en lugar de preocuparme.

Estoy consciente de que no siempre escucho a Dios como debiera, pero creo que esa fue una de las ocasiones en las cuales sí lo hice. Me sentí muy aliviado. No es que me desagradara ser un intercesor, me gustaría serlo. También me gustaría tocar la guitarra, ser piloto de líneas aéreas, ser un campo corto en las grandes ligas, sólo por nombrar algunos. Pero eso no es lo que soy. Saber que no soy un intercesor me ayuda a relacionarme con los intercesores de manera más creativa.

EL PERFIL

Ahora conozco suficientes intercesores y los conozco lo suficiente como para ver un perfil que emerge. No es que todos los intercesores obtendrían un «10» en cada uno de los aspectos, sino que cuando se obtenga el total, alcanzarán una marca más alta que la mayoría de las personas. Debido a la naturaleza de este libro, el perfil naturalmente está inclinado hacia los intercesores personales en lugar de los intercesores generales o los intercesores de crisis, pero en general se ajusta a todos.

El don de la intercesión

Cuando Dios llama a los miembros de su familia a cierta tarea o ministerio, Él les provee con el don sobrenatural para lograrlo de acuerdo a su voluntad. Para los que ha llamado al escalón superior o al cuarto del trono como intercesores, ha provisto lo que me gusta llamar el don espiritual de la intercesión. Describí detalladamente este concepto en el segundo capítulo al indicar que aquellos con el don de la intercesión por lo general oran de dos a cinco horas al día. Las únicas excepciones que he hallado son mujeres que trabajan con familias jóvenes que orarían más de dos horas si pudieran, pero verdaderamente no pueden sacar más tiempo. Aun así, raramente dejan pasar un día sin orar al menos una hora.

No hace mucho tiempo sentí el consuelo al averiguar que no fui el primero en sugerir algo que podríamos considerar como un legítimo don espiritual de la intercesión. Un personaje tal como San Juan Crisóstomo, del siglo cuatro, también lo vio. En su comentario a Los Romanos menciona los dones de profecía, sabiduría, sanidades, milagros, lenguas y, entonces dice: «También había un don de oración... y el que lo tenía oraba por todas las personas». Dice que los que tenían este don eran conocidos por sus frecuentes intercesiones ante Dios, muchos lamentos mentales, caían ante Dios, y «pedían las cosas que eran de beneficio para todos».[1]

Las dos características principales que he visto en los que tienen el don de la intercesión es que aman la oración y ven los resultados de su intercesión.

A menudo los dones espirituales vienen mezclados, y ciertos dones son muy comunes en parejas tales como pastor y maestro. Muchas de las personas con el don de la intercesión también se les ha dado dones espirituales de profecía (incluyendo lo que algunos llaman «palabra de conocimiento») y discernimiento de espíritus. En sentido general no sé si esto es cierto, aunque no me sorprendería si así fuera.

Una relación estrecha con Dios

Me gusta la manera en la cual mi amiga Evelyn Christenson describe su tiempo de oración. Dice que ya no es la acostumbrada «lista de mercado» de unos pocos minutos de alabanza e intercesión. «He aprendido que mi tiempo de oración íntima involucra en gran medida Su reaprovisionamiento a mis necesidades emocionales, donde Dios y yo intercambiamos nuestro mutuo amor. Escucho mucho más que antes». Evelyn habla por muchos intercesores cuando afirma: «Mi día común comienza a las cuatro y media de la mañana y me paso varias horas a solas con el Señor casi todo el día». En última instancia, su tiempo «flojo», son dos horas.[2]

Todos los cristianos desean estar cerca de Dios. Pero la verdad sincera es que para la mayoría de los cristianos el

---

1. Philip Schaff, editor, *A Select Library of the Nicene and Post Nicene Fathers of the Christian Church* [Una biblioteca selecta Nicena y Posnicena de los Padres de la iglesia cristiana], Vol. XI, San Crisóstomo, Wm. Eerdmans Publishing Company, Grand Rapids, Michigan, 1956, p. 447.

2. Judith Couchman, «The High Cost of Prayer: An Interview with Evelyn Christenson» [El alto costo de la oración: una entrevista con Evelyn Christenson], *Christian Life*, enero 1987, p. 12.

tiempo que apartan para la oración es relativamente corto y los sentimientos actuales de cercanía a Dios durante esos momentos no es, en la mayoría de los casos, todo lo que escuchamos describir a los intercesores. Estos no son cristianos comunes y corrientes más que lo que son los evangelistas o pastores, o los maestros y profetas. Se diferencian en parte de los demás no en cuántas almas perdidas llevan a Cristo, sino en su íntima relación con el Padre.

Relativamente pocas personas sentirían que las metas de su vida se satisfacen al pasarse diez horas al día en oración de los trescientos sesenta y cinco días al año como lo hacen las Hermanas de la Perpetua Adoración en Anchorage, Alaska. Una acertadamente dice: «Muchos no pueden comprender nuestra manera de vivir, ni siquiera nuestras familias». Entonces explica: «Pero para nosotras, esto nos ha acercado mucho a Dios, y cumple nuestro potencial».[3]

Históricamente, una de las intercesoras más famosas es Juliana de Norwich, que se pasó su vida como «ermitaña», apartada y a solas para orar a inicios del siglo quince. Su recuerdo permanece principalmente a través de su libro, *Sixteen Revelations of Divine Love* [Dieciséis revelaciones del amor divino], que profundamente describe su cercanía a Dios. Ella dirigía sus pensamientos hacia los que «deliberadamente elegían a Dios en esta vida para amar»; personas que llamaba «los pequeños y los sencillos». Para una versión abreviada de su libro ella utiliza el significativo título: *Comfortable Words for Christ's Lovers* [Palabras consoladoras para los amantes de Cristo].[4] La profunda cercanía de los intercesores al Padre aparentemente no ha cambiado mucho al menos durante los últimos seiscientos años.

---

3. Charles Hillinger, «Isolated in Anchorage Cloister, Nuns Say They Feel Closer to God» [Aisladas en el claustro de Anchorage, monjas dicen que se sienten cerca de Dios], *Los Angeles Times*, diciembre 23, 1989, p. S4.

4. J. Walsh, «Julian of Norwich», *New Catholic Encyclopedia*, Vol. VIII, McGraw-Hill Book Company, Nueva York, NY, 1967, pp. 48-49.

La obediencia y la accesibilidad son clave para escuchar a Dios

Reciben palabras de Dios

Una parte importante de lo que sucede cuando los intercesores pasan largos períodos en una relación muy estrecha con Dios es que le escuchan directamente. Mi amigo David Bryant, líder del dinámico movimiento de Conciertos de Oración, se refiere a esto como «la estrategia del silencio». En la estrategia del silencio vamos ante Dios para buscar su dirección aun para saber por qué debemos orar y cómo debemos orar.

La obediencia y la accesibilidad son clave para escuchar a Dios. En algunas ocasiones las instrucciones que Dios da son casi tan poco convencionales como cuando le dijo a Ezequiel que se comiera un pergamino o que yaciera sobre su lado izquierdo por trescientos noventa días, o se afeitara su cabeza y su barba y quemara un tercio de su pelo en medio de la ciudad (Ezequiel 45). Pero los intercesores ungidos para esta estrategia de silencio han desarrollado el discernimiento para saber cuándo es auténtico.

Hace sólo unos años estaba impartiendo un seminario de fundación de iglesias en Toronto. Llamé a Cathy Schaller el martes y oró por mí en el teléfono. Ella sintió que Dios deseaba usarme para «liberar los dones de sanidad». Esto era difícil de entender porque no tenía nada que ver con el tema del seminario, ni tampoco tenía el hábito, como lo tienen algunos de mis amigos, de orar para liberar los dones en otros. Mi entendimiento de los dones espirituales es un tanto más conservador que eso y Cathy lo sabía. Indicó que Dios me mostraría qué hacer el próximo día, miércoles.

Esperaba que me mostraría qué hacer durante mi tiempo de oración, pero no obtuve nada. Mientras tanto, Joseph

Mak, uno de nuestros egresados de Fuller, había llamado a Doris una semana antes para preguntarle si yo cuando saliera para Toronto podía orar por dos personas enfermas, una se encontraba en el hospital. Estaba un tanto reacio porque por lo general no hago eso, pero sentí que Dios deseaba que lo hiciera en esta ocasión, así que accedí. Cuando llegué a Toronto, Joseph Mak dijo que Dios había usado la llamada telefónica a Doris como el momento crucial en la enfermedad de Anisa, la mujer en el hospital, y que le habían dado de alta. Entonces accedimos a orar en el hotel la tarde del miércoles.

Anisa llegó tarde para la cita, pero Rita, la otra mujer por la cual iba a orar, se encontraba allí con su pastor. Su dedo se había malogrado en un juego de badmington, pero cuando le pregunté acerca de eso, me dijo que ya había sido sanada.

—¿Cómo? —dije.

—Oré y Dios me sanó —me respondió.

Cuando le dije que esto realmente era poco común, ella dijo que le había sucedido varias veces. Entonces le pregunté si oraba por la sanidad de otros.

—No, no me atrevería. Sólo le he dicho esto a otra persona aparte de usted.

En ese momento supe que ella tenía el don de la sanidad y se lo dije.

—No, yo no —protestó—, no soy un doctor como usted.

Antes de marcharnos Rita oró tanto por Anisa como por su pastor y vimos el poder sanador de Dios manifestarse. Entonces oré para que Dios liberara el don de la sanidad en Rita y la exhorté para que comenzara a utilizarlo, y que le rindiera cuentas a su pastor y a Joseph Mak.

Hasta donde pueda recordar, esta es la única ocasión en la cual serví de esta manera. Este es mi punto: la indicación de que este hecho era la voluntad divina vino por medio de una intercesora que estaba acostumbrada a practicar la estrategia del silencio y a discernir la voluntad de Dios.

¿Quién es Everett? Durante el tiempo cuando nuestro bastón I-1 se estaba pasando de Cathy Schaller a Alice Smith, esta me llamó temprano una mañana. Me encontraba en medio de la enseñanza de un curso intensivo de una semana de Doctorado en Ministerio. Ella dijo esa mañana (Houston está a dos horas de nosotros) que Dios le había dicho que en mi clase había un pastor llamado Everett que estaba pasando por un momento difícil en su vida y a quien Dios deseaba servir.

En efecto, al llegar a la clase Everett Briard, un pastor de la Iglesia Presbiteriana en Canadá, respondió con entera sorpresa, casi incredulidad, que algo así pudiera acontecer. Nosotros, como clase, oramos por él, y algunos otros pastores también le ayudaron personalmente. Él nos testificó que había sentido un cambio definitivo en su punto de vista mental y espiritual.

Nueve meses más tarde, Everett me escribió una carta relatándome cuán importante había llegado a ser la palabra de Alice para él. «Había estado luchando con muchas cosas por largo tiempo», dijo, «y no era la menos importante la incapacidad de deshacerme de un sentido inseparable de insignificancia y tiempos periódicos de niveles de depresión». Dijo que en un seminario, dos semanas después de la palabra de Alice, había escuchado a un sicólogo cristiano decir que sólo a través de la terapia una persona puede avanzar desde una baja autoestima y del odio que siente de sí mismo a una alta autoestima.

Pero Everett dijo: «Dios hizo eso por mí instantáneamente durante su clase. Me liberó y me ha dado un sentido de novedad en el ministerio. Las cosas que de costumbre me llevaban a un profundo desánimo ya no tenían el poder para hacerlo. Estoy muy agradecido».

Podrá imaginarse cuán agradecido también estoy yo, al ver que Dios me usa como instrumento relativamente pasivo para vincular una intercesora de Houston con un pastor canadiense de visita en Pasadena, California, y observar la manifestación del poder de Dios de forma potente. Sí, los intercesores sí escuchan a Dios.

La intercesión profética

Los verdaderos intercesores escuchan a Dios de forma regular y la mayoría sólo se moverán de vez en cuando hacia la intercesión profética. Para algunos, la intercesión profética es un ministerio continuo bajo el don de la intercesión. Don Block, un ministro laico de Jacksonville, Florida, es un ejemplo de alguien que tiene el ministerio de la intercesión profética. Él ora cuando el Señor se lo pide por situaciones a través de todo el mundo.

Block dice: «El Señor me muestra acontecimiento que están a punto de suceder y me pide que ore por ellos. Creo que Dios está llamando a muchas personas para ser intercesores y cada vez más está dando el don de la intercesión profética».[5]

Cindy Jacobs define que la intercesión profética «se produce porque el Espíritu Santo te insta a orar por situaciones o circunstancias de las que tienes escaso conocimiento en el plano natural. Al hacerlo oras por los pedidos de oración que están en el corazón de Dios».[6]

Lois Main, una intercesora de Coalinga, California, no podía dormir una noche de abril de 1983. Ella sintió que escuchó al Señor decir: «Ora por el pueblo de Coalinga. Ahora mismo ve y ora».

Aunque era un momento extraño para tal tarea, Lois obedeció, se vistió y caminó fielmente las oscuras y solitarias calles de Coalinga, orando por las personas en cada edificio que pasaba. Después de un tiempo, sintió el permiso para volver a la cama y dormir el resto de la noche.

A la tarde siguiente Coalinga sufrió un terremoto de 6.5. El hospital local estaba preparado y en alerta para tratar a todas las víctimas. Sin embargo, sólo vinieron veinticinco personas, la mayoría por lesiones menores.

---

5. Barbara White, «Called to Prophetic Intercession» [Llamados a la intercesión profética], *The Breakthrough Intercessor*, enero-febrero 1991, p. 5.

6. Cindy Jacobs, *Conquistemos las puertas del enemigo*, Editorial Betania, Miami, FL, 1993, p. 169.

Sondra Johnson, quien relata esta historia, comenta: «Los intercesores deben estar dispuestos a salir en fe y orar como Dios les habla a sus corazones. Es posible, como muchos de los que oran proféticamente, que jamás conozcamos los resultados. Pero debemos dejarle eso a Dios, sabiendo que hemos hecho su voluntad».[7] Lois Main tuvo la satisfacción adicional de conocer los resultados.

Personas reservadas

A pesar de que hay varias excepciones notables a esto, la gran mayoría de los intercesores son personas reservadas. No les agrada estar al frente. No desean que sus nombres sean divulgados. Aun algunos de los que han escrito libros acerca de la intercesión preferirían que sus nombres no aparecieran en el libro, pero de manera un tanto reacia ceden ante la sabiduría de los editores y los publicadores que saben que el libro será distribuido más ampliamente con el nombre que sin él.

Para los intercesores personales, en contraste con otras clases de intercesores, el pastor u otro líder por el cual han sido llamados a orar usualmente es elevado a una alta prioridad en todo el calendario de oración.

Colleen Townsend Evans dice que la «soledad» es uno de los precios que regularmente pagan los intercesores. «Como intercesor», dice, «prepárese para pasar algunas horas muy solitarias y en silencio». Otras personas no

---

7. Sondra Johnson, *Obeying the Call* [Obedeciendo el llamado], *The Breakthrough Intercessor*, p. 4.

siempre sabrán o entenderán por lo que ora un intercesor. Evans dice que los intercesores «serán puestos en esquinas en silencio donde nadie sabrá lo que están haciendo, y Dios sellará nuestros labios para que no alardeemos o conversemos acerca de lo que estamos haciendo».[8]

El apóstol Pablo quizás tenía en mente a los intercesores cuando dijo: «Antes bien los miembros del cuerpo que parecen más débiles, son los más necesarios; y a aquellos del cuerpo que nos parecen menos dignos, a éstos vestimos más dignamente; y los que en nosotros son menos decorosos, se tratan con más decoro» (1 Corintios 12.22,23). Aunque no los veamos mucho, el Cuerpo de Cristo necesita intercesores para una vida sana de igual manera que nuestro cuerpo físico necesita una glándula pituitaria, la cual vemos todavía menos.

El pastor tiene una gran prioridad

Para los intercesores personales, en contraste con otras clases de intercesores, el pastor u otro líder por el cual han sido llamados a orar usualmente es elevado a una alta prioridad en todo el calendario de oración. No sucede todos los días, pero no es raro para Doris y para mí obtener reportes de que uno de nuestros intercesores ha orado por nosotros una o varias horas en un día en particular. Sólo escuchamos acerca de esas ocasiones cuando Dios ha permitido que el compañero de oración nos lo diga, y estoy seguro de que es una fracción de las veces que sucede. En algunas oportunidades sabemos con exactitud por qué oraron, en otras jamás nos enteramos.

Uno de los momentos de intercesión especial, entre los muchos de los cuales me enteré, fue un domingo por la noche cuando Cathy Schaller estaba planchando en su cocina. A las seis y media de la tarde el Espíritu Santo vino sobre ella para la intercesión y oró por mí hasta que la

---

8. Colleen Townsend Evans, «The Cost of Intercession» [El costo de la intercesión], *Breakthrough*, julio/agosto 1989, p. 1.

liberaron a las siete. Entonces ella volvió a planchar y me llamó la mañana siguiente para ver por qué había orado.

Ese domingo por la noche Doris y yo habíamos salido para Anaheim Vineyard, y antes del servicio, fuimos hasta la oficina del pastor John Wimber para tomarnos una Coca Cola con John y su esposa, Carol. Mientras conversábamos le hablé acerca de un niño de seis años por el que la semana anterior tuve el privilegio de orar debido a que había nacido sin orejas. Milagrosamente, las orejas comenzaron a crecer media hora después de la sesión de oración.

Cuando John escuchó la historia, él me pidió espontáneamente que contara el testimonio a la congregación. De más está decir que no estaba preparado para hablarle a tres mil personas acerca de un incidente tan dramático que yo mismo no había tenido el tiempo de procesar, mientras enfocaba la atención en el poder de Dios y no en mí mismo y sacar alguna aplicación para la congregación.

Pero el testimonio salió bien, la congregación fue bendecida, y creo que Dios fue glorificado. Gracias a las prioridades de Cathy. Por supuesto, esa noche hablé entre las seis y media y siete de la noche.

Debido a estas prioridades, es imperativo que los intercesores potenciales sean sinceros por completo cuando consideren una petición para convertirse en compañeros de oración. Asignar gran prioridad no implica exclusividad. He mencionado que varios de nuestros compañeros de oración se les ha asignado a más de un líder por intercesión, y que la intensidad de la oración de cada uno varía con el tiempo.

Mary Lance Sisk, por ejemplo, también ora por Leighton Ford y Joni Eareckson Tada. Para otros significa que deben orar en cada oportunidad por uno solo. Por eso me sentí complacido cuando Lil Walker fue sincera al rechazar mi invitación para convertirse en compañera de oración porque ella fue asignada a Paul Cedar. Al mismo tiempo, Mary Wernle accedió a orar por mí y por años, a pesar de que ora por muchas personas, el grueso de sus momentos de oración los ha concentrado en Doris y en mí.

Comunicación abierta

Los intercesores personales mantienen abiertos los canales de comunicación con el pastor por el cual están orando. Por eso es necesario que tanto el líder como el intercesor estén conscientes de la relación de compañerismo de oración. Los compañeros secretos de oración indudablemente tienen algún valor, pero al menos un estudio realizado por Nancy Pfaff ha mostrado que es limitado.

Conocer en detalles acerca del acuerdo de compañerismo de oración abre el camino hacia una relación de pacto en la que cada parte puede entender y concordar en cuanto a las responsabilidades mutuas. El siguiente capítulo ofrecerá algunos de los ingredientes para la susodicha relación, así como algunas sugerencias para mantener el flujo de la comunicación.

Por lo general, la duración de la relación de un compañero de oración con el pastor es indefinida. Como mencioné con anterioridad, creo que es mejor asumir desde el principio que va a ser un arreglo a largo plazo. No hay nada intrínsecamente malo con reclutar un intercesor por seis meses o un año, pero un acuerdo indefinido es más apropiado. Muchos intercesores sienten que su tarea es para toda la vida, pero las circunstancias podrían cambiar de ambas partes y Dios podría indicar que la relación cambie.

Nancy Pfaff, por ejemplo, siente que es una combinación de intercesor de crisis e intercesor personal. Su primera tarea fue para Dan Reeves, un prominente consejero de iglecrecimiento. Luego de varios años fue liberada como intercesora I-1 para Dan, pero continúa como I-2 o I-3. Su nueva tarea como I-1 es como intercesora del personal para Church Resource Ministries donde ora especialmente por Sam Metcalf, Bob Logan, Steve Ogne y Joan Florio.

Mi punto es que los asuntos concernientes a la finalización de una tarea y el avance hacia otra no se pueden manejar adecuadamente a menos que haya una comunicación abierta entre el pastor y el intercesor.

La confidencialidad

Cuando Cindy Jacobs enumera las cualidades de los compañeros de oración personal, el número dos en su lista (luego del compromiso de orar) es la confidencialidad.[9] Debido a que recibí mis compañeros iniciales de oración de personas con las que había desarrollado una relación a través de un largo tiempo, la confidencialidad no se me ocurrió, en primera instancia, como una consideración importante.

Recuerdo claramente cuando me le acerqué a Bobbye Byerly para que orara por nosotros, ella enfatizó en más de una ocasión que lo que le comunicáramos como peticiones de oración se mantendría en completa confidencia y que podíamos contar con eso. Dijo que había conocido casos donde esto se había violado y las peticiones personales de oración se habían convertido en tema de chismes, causando mucho daño a las personas y sus ministerios.

Por fortuna, Doris y yo no tuvimos que pasar por ninguna experiencia mala para aprender cuán importante es la confidencialidad, pero desde ese entonces nos hemos visto hablando asuntos con intercesores I-1 e I-2 que definitivamente no eran para el conocimiento público. Y hemos sentido que la información que hemos dado estaba tan segura como los papeles que tenemos en nuestra cuenta en el banco. Sólo con esta certeza pueden los pastores y otros líderes expresar sus necesidades más profundas y urgentes a los intercesores.

Temporadas áridas

Sería fácil colocar a los intercesores en tal pedestal espiritual que olvidemos que son tan humanos como el resto de nosotros. Pero ellos mismos serían los primeros en recordarnos su fragilidad. Los intercesores tienen sus altas y sus bajas. Tienen sus días buenos y sus días malos. Pueden

---

9. Jacobs, *op. cit.*, p. 190.

dejar una poderosa experiencia con Dios en el tope de la montaña y hundirse en el valle. Una de nuestras funciones como líderes es comprender esto y nutrirlos durante los períodos difíciles justamente como ellos hacen con nosotros.

Hace algún tiempo Alice Smith pasó por unos momentos bastante arduos de intercesión y lucha espiritual en Israel en donde ella sintió que se ganaron batallas significativas contra algunos principados de alto rango. Poco después de eso nos escribió a Doris y a mí diciendo: «Estoy en medio de un momento difícil de aridez ante el Señor. No es raro experimentar esto porque los intercesores tienen que tener de vez en cuando una "sincronización" para ver si están orando por los beneficios, o si realmente están orando y disfrutando del Señor por ser quien es». He aquí, una vez más, el corazón de un verdadero intercesor que no desea nada más que una relación estrecha con Dios.

Alice dice: «A veces hay la tendencia de presionar al Señor por un "éxtasis mayor", especialmente después de una experiencia espiritual muy elevada como la que enfrenté en Israel, mientras que Él está más interesado en la queda y serena comunión del conocimiento de su presencia». Tal parecía que se estaba excusando de que aun cuando oraba por nosotros, no escuchaba mucho del Señor. Es decir, se excusaba ante nosotros, pero ciertamente no ante el Señor que, según sentía, estaba supervisando su fidelidad en ese momento. Concluye: «Estos tiempos siempre engendran una nueva gratitud cuando le vuelvo a escuchar una vez más».

Poco después, tal y como nosotros y ella sabía, el período árido se terminó y las cosas retornaron a lo normal. Mientras tanto, nos percatamos de que durante ese tiempo Dios le había dado tareas adicionales a algunos intercesores I-2. Por ejemplo, durante esa época Doris y yo realizamos una muy significativa visita a la oficina de Marcha por Jesús en Londres y, como mencioné anteriormente, el Señor estaba usando a Dave Rumph y Bobbye Byerly de manera especial para que oraran para que la actividad se hiciera realidad.

La necesidad de la ayuda de otros

De vez en cuando he mencionado los Aarón y los Hur que Dios envía para apoyar a los intercesores en tiempos de necesidad. Algunas veces ellos reciben determinadas tareas a realizarse sólo una vez. Pero algunos intercesores han reclutado equipos constantes de compañeros de oración.

Alice Smith, por ejemplo, tiene un equipo muy activo de compañeros de oración, muchos de ellos también tienen el don de la intercesión. Trece se han convertido en intercesores I-3 para Doris y para mí. Cuando Alice fue a Israel y posteriormente pasó por el «momento árido» antes descrito, asignó a sus compañeros de oración para que se pusieran en la brecha por mí, lo cual hicieron. Desde ese entonces Alice me ha enviado varias notas que le escribieron expresándole lo que creían escuchar acerca de nosotros. Una nota típica dice: «El Señor ha seguido hablándome durante la semana pasada acerca del Sr. Wagner. Las siguientes cuatro palabras me han llegado para cualquier confirmación o invitación que puedan contener...»

Muchos intercesores no se percatan intuitivamente de que necesitan compañeros permanentes de oración tanto como lo necesitan otros líderes. Hace años, cuando apenas empezábamos a aprender acerca de la intercesión personal y todo lo que esta involucra, Christy Graham, quien normalmente es una intercesora de crisis, recibió una tarea más grande para ser intercesora personal para Cathy Schaller. Dios le dijo que Cathy absorbe muchos de los ataques del enemigo que de otra manera me alcanzarían y que ella misma necesitaba más protección. Cuando Christy le dijo a Cathy que oraría por ella, la reacción inicial fue: «¿Orar por *mí*? ¿Por qué necesito oración? ¿Acaso algo anda mal conmigo?»

Así que Christy respondió: «Bueno, ¿qué anda mal con Peter? ¿Por qué necesita oración?» Cathy inmediatamente percibió el punto y le dio la bienvenida a Christy como compañera de oración. Me resultó interesante que Dios jamás asignó a Christy como compañera de oración para mí, sino sólo para Cathy.

Evelyn Christenson, una intercesora de primera, sugiere que los intercesores se junten en parejas para que se apoyen mutuamente en oración. Expresa: «¿Tiene a alguien que va a orar por usted y por quien usted lo va a hacer?[...] Busque una persona a la que pueda contar los problemas secretos y las necesidades de su vida. Alguien que se preocupe y que jamás va a divulgar sus secretos. Entonces cumpla la ley de Cristo sobrellevando "los unos las cargas de los otros" (véase Gálatas 6.2)».[10]

LAS RECOMPENSAS

Si no lo supiera bien, me avergonzaría al ver el poder de Dios fluyendo a través de mi ministerio, conociendo plenamente que una razón primordial para ello es la fiel intercesión de mis preciosos y fieles compañeros de oración. A mí es al que alaban; el que obtiene los honores; el que recibe pago por ello. Pero por lo general nada de esto llega hasta los compañeros de oración. Y los intercesores tampoco desean ninguna de esas recompensas. Unas de las cosas por la que mis compañeros de oración están siempre orando es para que mi ministerio sea muy fructífero primordialmente en la vida de los demás, pero a medida que eso sucede, yo obtengo el reconocimiento. Y ellos se deleitan.

Josué obtuvo también por ser el general que derrotó a Amalec y ganar la batalla de Refidim. Pero el poder divino para hacerlo vino a través de la intercesión de Moisés. Josué ganó y Moisés también se deleitó.

No obstante, necesitamos entender que los intercesores sí sienten que son ampliamente recompensados por su ministerio. Creo que la mayor recompensa les aguarda en el cielo. Si los creyentes en el cielo estuvieran en círculos concéntricos alrededor del trono de Dios, los intercesores estarían en el medio, justamente detrás de los veinticuatro ancianos y los cuatro seres vivientes.

---

10. Evelyn Christenson, *What Happens When Women Pray* [Qué pasa cuando la mujer ora], Victor Books, Wheaton, IL, 1975, p. 100.

En este momento una recompensa sustancial para los intercesores es ver cómo sus oraciones engendran los propósitos de Dios en las vidas y los ministerios de los pastores por los que están orando. Los intercesores experimentados ven que ocurren muchas cosas en sus iglesias que ni siquiera los pastores tienen idea de que se está orando por eso. Es algo verdaderamente excitante para los intercesores.

Pero el testimonio que recibo siempre de los intercesores es que su mayor recompensa indiscutiblemente es su estrecha relación con el Padre. Experimentan, de manera mucho mayor de lo que la mayoría de los cristianos jamás sentirían, la plenitud del amor de Dios día tras día.

CÓMO ORAR POR LOS PASTORES

Tengo varias guías de oración para líderes preparadas por intercesores maduros. A medida que las examino, descubro que los intercesores personales han logrado tener un consenso general acerca de lo que deben orar. Las guías presuponen que el intercesor ha ido ante la presencia de Dios mediante la adoración y la alabanza; tienen una comunión estrecha con el Padre; y sus oraciones son consistentes con la Palabra de Dios. Los manuales también declaran que estos no deben considerarse como fórmulas para la oración, sino como bosquejos que deben utilizarse con el flujo del Espíritu Santo.

La guía que encuentro más útil la preparó una de nuestras intercesoras I-2, Elizabeth Alves, presidenta de Intercesores Internacionales. Se encuentra en una sección del *Prayer Manual* [Manual de oración] publicado por Intercesores Internacionales llamado «Oraciones diarias». Cada día ofrece un tema con subtemas, pasajes bíblicos y oraciones escritas. De acuerdo a cómo Dios dirige, los intercesores usarán una o las tres categorías. El deseo de Beth Alves es proveer una ayuda para que los intercesores logren «ser obedientes y fieles al "ponerse en la brecha" a favor de los misioneros, ministros y líderes espirituales que les han asignado para oración».[11] El bosquejo general es el siguiente:

Domingo:	Buena relación con Dios (revelación espiritual, unción, santidad).
Lunes:	Buena relación con otros (congregaciones, ministerio, personal, los que no se han salvado).
Martes:	Incremento de la visión (sabiduría e iluminación, motivos, dirección).
Miércoles:	Espíritu, alma, cuerpo (salud, apariencia, actitudes, plenitud física y espiritual).
Jueves:	Protección (tentación, engaño, enemigos).
Viernes:	Finanzas (prioridades, bendiciones).
Sábado:	Familia (general, conyugal, hijos).

Me gusta lo que dice Will Bruce en su folleto, «Pastor Need Prayer, Too» [Los pastores también necesitan oración]: «No importa cuán bien le pague a su pastor, lo alabe o trabaje para él, sólo puede ayudarlo de verdad a través de la oración fervorosa y estratégica para que sea un ministro efectivo en las manos del Dios Todopoderoso».[12]

PREGUNTAS DE REFLEXIÓN

1. ¿Conoce una o más personas que consideraría como poseedoras del don de la intercesión? Hable acerca de ellas.

---

11. Elizabeth Alves, *Prayer Manual* [Manual de oración], Intercessors International, P.O. Box 390, Bulverde, TX 78163, 1987, p. 127.
12. Will Bruce, *Pastors Need Prayer, Too* [Los pastores necesitan también oración], Overseas Missionary Fellowship, 404 S. Church Street, Robesonia, PA 19551 (215) 693-5881.

2. Examine una vez más la imagen de los tres pasos de Peter Wagner. ¿Dónde se ubicaría usted?
3. ¿Cree que Dios en realidad habla tan específicamente como lo hizo cuando le habló a Alice Smith acerca de Everett? ¿Le ha sucedido esto alguna vez?
4. ¿Cuáles son algunas de las razones por las cuales los intercesores necesitan que otros oren por ellos?
5. Pase unos pocos minutos orando por su pastor y utilice el bosquejo de oración diaria, con todas las categorías mencionadas, según aparece al final del capítulo.

Capítulo nueve

El mantenimiento de los intercesores

E L APÓSTOL PABLO VALORABA MUCHO LA INTERCESIÓN PER-SONAL. Él la pidió en varias de sus epístolas, pero en ninguna con mayor lujo de detalles como en la epístola a los Efesios. La iglesia en Éfeso nació de una de las luchas espirituales más intensas de toda la carrera de Pablo. En Éfeso, Pablo había lidiado con fuerzas espirituales de las tinieblas a todo nivel; desde espíritus inmundos sacados mediante pañuelos tomados de él, el asunto con los siete hijos de Esceva, la quema de accesorios mágicos y Diana de los efesios que era conocida como el espíritu de toda la región.

Por eso es que Pablo se ocupa tanto de temas tales como la guerra espiritual y la armadura de Dios en esta epístola. Clinton E. Arnold observa que Efesios contiene «una concentración sustancialmente mayor de terminología relacionada con el poder que cualquier otra epístola atribuida a

Pablo».[1] Un arma de la guerra espiritual a la cual Pablo le presta mucha atención es a la oración. «Orando en todo tiempo con toda oración y súplica en el Espíritu» (Efesios 6.18). La oración poderosa es necesaria para la guerra espiritual intensa.

LA INTERCESIÓN NOS PROTEGE

Veo dos líneas específicas de protección «contra principados, contra potestades, contra los gobernadores de las tinieblas de este siglo, contra huestes espirituales de maldad en las regiones celestes» (Efesios 6.12) de las cuales Pablo se ocupa. La primera es nuestra protección individual, toda la armadura de Dios (Efesios 6.11-17). Cada uno de nosotros tiene la responsabilidad de ponerse la armadura de Dios todos los días. Los pastores y otros líderes cristianos que fallan en esto ya sea por ignorancia o indiferencia son innecesariamente vulnerables a «los dardos de fuego del maligno» (Efesios 6.16).

La segunda línea de protección contra el enemigo es la intercesión. En mi versión de la Biblia *(New King James Version)*, el pasaje de la oración que comienza con Efesios 6.18 se separa del último versículo del pasaje acerca de toda la armadura de Dios, el 17, sólo por un punto y coma. La oración no sólo es una conclusión formalista, cortés y apropiada en la epístola a los Efesios, sino que es un componente integral de las armas de guerra espiritual.

Pablo pide, primeramente, intercesión general, a la cual llama «súplica por todos los santos» (Efesios 6.18). Segundo, de manera mucho más personal les pide que oren por «mí» (Efesios 6.19).

No se detiene en esta ocasión con una petición de oración un tanto vaga como lo hace cuando le escribe a los tesalonicenses: «Hermanos, orad por nosotros» (1 Tesalonicenses

---

1. Clinton E. Arnold, *Ephesians: Power and Magic* [Efesios: poder y magia], Cambridge University Press, Cambridge, Inglaterra, 1989, p. 1.

5.25). Más bien desea que los efesios oren específicamente «a fin de que al abrir mi boca me sea dada palabra para dar a conocer con denuedo el misterio del evangelio» (Efesios 6.19).

Aquí vemos a Pablo como el líder pidiéndole a sus intercesores personales por la efectividad en su ministerio. El ministerio de Pablo era esencialmente evangelístico. Era un fundador de iglesias multiculturales. Su tarea primordial era hacer conocer el evangelio. Otros líderes tienen otros ministerios primordiales de acuerdo con sus dones espirituales.

Los líderes ganan protección contra los dardos de fuego del maligno, debido al grado de oración de intercesión por encima de toda la armadura de Dios que tienen la responsabilidad de usar.

Los líderes ganan protección contra los dardos de fuego del maligno, debido al grado de oración de intercesión por encima de toda la armadura de Dios que tienen la responsabilidad de usar.

Timoteo, Priscila y Aquila, Lucas, Tito, Juan Marcos, Filemón y otros colegas y asociados de Pablo tenían ministerios distintos a él. Sus intercesores personales se hubieran enfocado en otras clases de ministerio. Yo, por ejemplo, soy un líder con un ministerio evangelístico muy marginal y mis intercesores raramente han orado por mí como los de Pablo oraron por él. Pero el principio es el mismo. Los compañeros de oración oran por cualquiera que sea el ministerio del líder.

Los líderes ganan protección contra los dardos de fuego del maligno, debido al grado de oración de intercesión por encima de toda la armadura de Dios que tienen la responsabilidad de usar.

LOS LÍDERES RECIBEN INTERCESIÓN

No quiero dar la impresión de que si la intercesión personal por los líderes no se utiliza adecuadamente, es porque no se usa de manera alguna. Le escribí una carta a treinta y cinco líderes reconocidos cuyos nombres son públicos en la comunidad evangélica estadounidense y recibí la agradable sorpresa de que veintiocho podían nombrar personas que oran por ellos de manera regular. Al menos diecinueve serían intercesores I-1 según la definición que estoy utilizando, lo cual resulta en un cincuenta y cuatro por ciento. Creo francamente que ese por ciento es un tanto alto debido a la selecta lista a la que escribí. Si mis hipótesis son correctas, una de las razones por la que Dios ha sido capaz de darles posiciones visibles e influyentes es porque estaban utilizando a los compañeros de oración personal.

La encuesta reveló unos cuantos hechos interesantes. Uno fue que la edad de los intercesores parecía desproporcionadamente alta. Un gran número están en los sesenta años o mayores. Quizás una combinación de madurez cristiana y el retiro de las profesiones vocacionales aumenta la elegibilidad y disponibilidad de muchos para la intercesión seria.

El otro hecho era que una mitad de los que podían mencionar a sus intercesores nombró a otros familiares: cónyuges, madres, padres, abuelos, abuelas y niños maduros.

Aunque James Dobson no estuvo en la lista, su biografía, *Dr. Dobson: Turning Hearts Toward Home* [Dr. Dobson: volviendo corazones a casa], revela que él depende enormemente de los compañeros de oración personal. Se menciona a dos. Una es su esposa, Shirley, que dice que cuando ellos casi pierden a sus hijos cuatro veces durante un período de seis meses, le sobrevino una gran carga de oración. Ella dice, reconociendo esto como un ataque de Satanás, que para «frustrar esto, cubrí a Jim y a nuestros niños en oración. Todavía me paso un día de la semana ayunando y orando por ellos».[2]

---

2. Rolf Zettersten, *Dr. Dobson: Turning Hearts Toward Home* [Dr. Dobson: volviendo corazones a casa], WORD, INC., TX, 1989, p. 65.

El otro compañero de oración de Dobson es Nobel Hathaway, setenta y un años, un amigo personal de los padres de James Dobson. Hathaway, quien es viudo, dice: «He comprometido los días que me restan a continuar el ministerio de oración que comenzaron los padres del Dr. Dobson. Cada mañana antes del desayuno tengo una reunión de oración por Jim, Shirley, Danae y Ryan. Estoy comprometido a bombardear los cielos con oraciones por los Dobson».[3]

Reinhard Bonnke, uno de los evangelistas públicos de mayor renombre hoy en día, tiene un ministerio afín al del apóstol Pablo. Depende mucho, como Pablo, de la intercesión. Mi amiga Suzette Hattingh sirve no sólo como intercesora I-1, sino que también moviliza oración masiva por cada cruzada. Antes de Bonnke predicar, Suzette habrá reunido miles en una ciudad en particular, instruyéndolos y liberándolos para la verdadera intercesión. Bonnke dice: «No es asunto de cantar coritos y orar por una bendición, sino de derribar las fortalezas de Satanás. Los intercesores son un poderoso ariete».[4]

LAS RESPONSABILIDADES DE LOS PASTORES

Habrán excepciones, pero la intercesión usualmente no se genera o se sostiene de forma espontánea. Los pastores y otros líderes deben ser receptivos a recibir intercesión y animar a sus intercesores.

Me asombré al enterarme de que hace unos años Reinhard Bonnke llamó a Suzette Hattingh y le dijo: «Al menos cinco de los principales pastores de esta nación me han advertido que no forme un departamento de intercesión en Cristo para todas las naciones debido a que ¡habían experimentado muchos problemas con sus intercesores persona-

---

3. *Ibid.*, p. 169.
4. Reinhard Bonnke, *Evangelism by Fire* [Evangelización por fuego], Kingsway Publications, Eastbourne, Inglaterra, 1989, p. 217.

les y generales!» Estoy contento de informar que Bonnke no frenó la creación de un ministerio de intercesión, sin embargo, le pidió a Hattingh que investigara.

Suzette visitó cada intercesor personal de cada uno de los pastores aludidos. Descubrió que estaban frustrados, descorazonados y desalentados porque sus pastores no entendían su responsabilidad como líderes. Los intercesores concordaron en que habían cuatro problemas básicos.

1. Falta de información
2. Falta de confianza y apoyo de los pastores
3. Falta de reacción ante las oraciones contestadas
4. Falta de sinceridad entre los intercesores y los líderes

Desde ese entonces Suzette Hattingh ha tenido contacto personal con miles de intercesores serios. Expresa: «He hallado los problemas mencionados anteriormente entre todos los niveles de intercesores».[5]

Cuando un ministerio de intercesión personal se malogra, a menudo es el líder el que ha fallado. Cuando los líderes están alejados y sienten indiferencia hacia sus intercesores, muchos guerreros de oración finalmente rendirán sus armas, y tanto el líder como el intercesor se quedan cortos de lo que Dios desea que sean.

EL MANTENIMIENTO DE LOS INTERCESORES

En el último párrafo de Efesios 6, Pablo nos provee con lo que considero un modelo de cómo los líderes debemos relacionarnos con nuestros intercesores para conservar su interés y fidelidad para luchar espiritualmente a favor nuestro. Con esto no quiero decir que su motivación primordial no sea ninguna otra sino su deseo de servir a Dios y obedecerle. Si Dios ha llamado intercesores para orar por

---

5. Esta información se extrajo de una carta personal de Suzette Hattingh, 23 de marzo 1992.

nosotros, Él ayudará a que se mantengan. Pero también pienso que, en su providencia, Dios también nos da el cometido de mantener la relación vivita y coleando.

Pablo lo sintió, creo yo, cuando les dijo que les estaba enviando a Tíquico. En esos días, antes del teléfono, el fax y el correo especial, la forma preferida de comunicarse era mediante un mensajero personal. Con frecuencia este llevaba una carta, como indudablemente lo hizo Tíquico en este caso, pero aun la misiva no podía sustituir las palabras personales del mensajero.

¿Qué se supone que hiciera Tíquico cuando se encontrara con los intercesores? Dos cosas:

- Dar información. «Para que sepáis lo tocante a nosotros» (Efesios 6.22).
- Hablar del amor de Pablo y animarlos. «Que consuele vuestros corazones» (Efesios 6.22).

Por lo general, los compañeros de oración personal no demandan mucho del pastor por el cual oran. Pero agradecen mucho si les proveemos la información que necesitan para orar inteligentemente y si, de vez en cuando, los animamos con palabras de aprecio por su ministerio a nuestro favor.

Ore por sus intercesores

La relación entre pastores e intercesores no es de intercambio. Recibir intercesión no es como tomar prestado dinero que tiene que pagarse de vuelta, Josué ganó la batalla porque recibió la intercesión de Moisés y si acaso devolvió poco.

El término que he usado a través de este libro, «compañeros de oración», también algunos lo han usado como descripción de una relación recíproca. «Usted ora por mí y yo oro por usted». Esta es una relación muy fructífera. En el último capítulo mencioné cómo Evelyn Christenson lo recomienda y cómo ella, como intercesora, necesita al menos una relación de ese tipo. Sin embargo, este no es el sentido que he utilizado para «compañeros de oración» en este libro.

Si tratara de pagar las oraciones que he recibido de mis compañeros de oración, no haría mucho más que orar. Pretenderlo sería sólo un intento erróneo de pagarle a Jesús por mi redención. ¡Imposible! Así que he aprendido a recibir las oraciones como obediencia y un don de la gracia de Dios.

Todo esto no significa que debemos dar por sentado a nuestros compañeros de oración. Diariamente le agradezco a Dios por nuestros compañeros de oración. Tengo sus fotografías pegadas en la cubierta interior de mi Biblia, las miro y oro por cada uno por nombre. Es usual que no ore mucho tiempo por cada uno, pero los presento ante el trono de Dios. En la epístola a los Efesios en la cual Pablo pide intercesión, también dice: «No ceso de dar gracias por vosotros, haciendo memoria de vosotros en mis oraciones» (Efesios 1.16). Esto también es lo que trato de hacer.

Hay ocasiones cuando sí oro más por mis compañeros de oración. Muchas veces oro cuando sé que uno de ellos está pasando por algún momento particularmente difícil. También oro cuando participan conmigo en un determinado ministerio. Por ejemplo, oré bastante por Bobbye Byerly y Mary Lance Sisk cuando estaban formando el equipo de intercesores que nos acompañaría a la Argentina en 1991 para nuestro primer instituto anual internacional de Evangelización de Cosecha. Pero debo enfatizar que durante ese período estaban orando por mí mucho más que lo que estaba orando por ellas.

Más tarde todos intensificamos nuestras oraciones por cada uno cuando descubrimos que un grupo de brujas y hechiceros argentinos habían establecido una «feria ocultista», para reclamar el territorio para Satanás, en el mismo hotel que estábamos usando una semana antes y durante la semana de nuestro instituto. Debido a los intercesores, los cantos de las brujas, los encantamientos, las maldiciones y los atentados de infiltración fueron neutralizados con efectividad. En el último día, el gobierno los expulsó del hotel por practicar ilegalmente la adivinación y un periódico local presentó una caricatura que mostraba a las brujas abandonando el hotel volando en escobas. ¡Sombras de Éfeso! Sabemos muy bien por qué Pablo anhelaba tanto la intercesión.

Comuníquese con regularidad

Comunicarse es la parte que demanda tiempo. Uno de los casos mejor conocidos de la historia misionera donde la evangelización fue estimulada mediante la oración ocurrió cuando J.O. Fraser reclutó compañeros de oración para su obra evangelística entre los Lisu de Birmania. Por años, tal parecía que a medida que predicaba el evangelio no sucedía nada, pero interiormente se percató de que enfrentaba una verdadera batalla espiritual. Comenta: «Conozco lo suficiente acerca de Satanás como para darme cuenta de que tendrá todas sus armas preparadas para oponerse con determinación. Sería un misionero simplón que espera vientos favorables en cualquier obra de Dios. Yo no seré así».[6]

Fraser entonces le escribió a su madre que por años había servido como lo que llamaríamos su intercesora I-1. Le pidió que reclutara a «un grupo de amistades de igual sentir, fueran muchos o pocos, que vivieran en uno o diferentes lugares» para que se unieran a ella en oración por los Lisu. Los resultados fueron dramáticos. Cientos de familias Lisu se entregaron a Cristo en un breve período. Pero ese no es el asunto inmediato. El punto es que cuando James Fraser le pidió a su madre que buscara compañeros de oración, fue lo suficientemente sabio como para decirle: «Si puedes formar un pequeño círculo de oración, yo le escribiré con regularidad a sus miembros».[7]

Fraser era muy serio. Dijo: «No te pido simplemente que brindes "ayuda" en oración como una clase de añadidura,

---

6. Eileen Crossman, *Mountain Rain*, OMF Books, Robesonia, PA, 1982, p. 65.
7. *Ibid.*, p. 64.

sino que trato de encargarte la *principal responsabilidad* de esta guerra de oración. Deseo que tomes la *carga* de estas personas sobre tus hombros. Deseo que luches con Dios por ellos». ¿Y su función? Él se veía como un oficial de inteligencia. «Sentiré cada vez más que una gran responsabilidad descansa sobre mí para mantenerte bien informada».[8] Estaba preparado para invertir el tiempo necesario para comunicarse con sus compañeros de oración.

John Maxwell, de quien más aprendí acerca de los compañeros de oración personal, le da gran prioridad a la comunicación con los intercesores. Los cien hombres que oran por él tienen privilegios que otros miembros de la iglesia no tienen, particularmente la accesibilidad al pastor principal. John no les envía un Tíquico, sino que se reúne con ellos cuatro veces al año, tres veces para desayunar y una en un retiro de compañeros de oración de un día, donde comen, juegan, aprenden y sobre todo oran juntos. Se reúne con una cuarta parte de ellos cada domingo por la mañana antes del servicio en forma rotativa. Les dice sus necesidades y ellos le imponen las manos y oran pidiendo la unción de Dios sobre su líder. John almuerza una vez al mes con su intercesor I-1, Bill Klassen.

Debido a que mis intercesores están en diferentes lugares del país, no se me hace tan fácil mantenerme en contacto con ellos como podría hacerlo si estuvieran en la misma iglesia. Con esto tampoco quiero decir que le sea fácil a John Maxwell. Invierte una enorme cantidad de tiempo y energía en mantenerse en contacto con ellos. Doris y yo nos frustrábamos mucho al querer comunicarnos con los intercesores I-3 hasta que Jane Rumph, quien es una de nuestras compañeras I-2 originales, accedió a convertirse en la coordinadora de oración para nuestro ministerio. Jane mantiene la lista de correspondencia de más de cien al día y está en contacto personal con varios de ellos. Cuando dejamos de escribir por mucho tiempo, Jane nos lo advierte, como le hemos dicho que haga.

---

8. J.O. Fraser, *The Prayer of Faith* [La oración de fe], OMF Books, Robesonia, PA, 1958, p. 12.

Cartas a los intercesores

Periódicamente Doris y yo escribimos una extensa carta a nuestros intercesores I-1 e I-2. Somos muy sinceros con ellos. Cuando hace falta tomar decisiones importantes, son los primeros en saberlo y nos acompañan en oración durante el proceso.

Ninguna fue más importante que la decisión que hicimos de coordinar el Curso Unido de Oración del movimiento A.D. 2000, por el cual todos ellos estaban orando. Mientras oraban con nosotros por semanas y hasta meses, comenzaron a escuchar con claridad de parte del Señor que el movimiento A.D. 2000 era un asunto principal en el corazón de Dios para los noventa, y que la invitación para ser parte del mismo era un llamado de Él. Más que ninguna otra cosa, esas garantías divinas mediante nuestros compañeros de oración nos convencieron de que Dios deseaba que realizáramos este compromiso de alto nivel, que ha tenido implicaciones radicales para nuestro futuro ministerio.

Cuando escribimos esa carta, siempre incluimos nuestro programa ministerial para las próximas semanas, de manera que sepan con exactitud dónde estamos y lo que hacemos. También incluimos copias de correspondencia vital acerca de asuntos con los que estamos lidiando, reportes que escribo o recibo, fotocopias de artículos importantes y así por el estilo. Jane Rumph pasa esta carta a máquina y la envía a los compañeros de oración I-1 e I-2. Entonces la edita para abreviarla y elimina el material confidencial y envía la versión editada juntamente con el programa a los intercesores I-3.

Esto obviamente requiere mucho más esfuerzo de lo que teníamos que invertir en los días cuando nuestros compañeros de oración eran todos miembros de nuestra clase de la Escuela Dominical. En esa época le hablaba a Cathy Schaller por teléfono dos o tres veces a la semana, y los veía a todos cada domingo en la mañana. Me habitué, y todavía lo hago, a asegurarme de saludar personalmente y darle un abrazo a cada uno de nuestros compañeros de oración que se encuentran allí el domingo por la mañana y decirles que los amo y aprecio. Como dice Cindy Jacobs: «La gente necesita recibir frecuentemente nuestro agradecimiento por su sacrificio de oración, pues ellos han puesto mucho empeño en realizar esta tarea».[9]

El diablo ataca la relación de un pastor y los intercesores en tres áreas principales: la dependencia espiritual, la dependencia emocional y la dependencia física.

Cuando surge una necesidad particular, Doris o yo llama a nuestros compañeros de oración que residen fuera de la ciudad de manera individual. Jane Rumph también está autorizada para iniciar una cadena de oración cuando hace falta todo el equipo para la oración urgente. Llama a los que están fuera de la ciudad y Joanna McClure se pone en contacto con los locales.

No obstante, la mayor parte del tiempo, los siete compañeros de oración que viven en otras partes del país son los que inician las conversaciones telefónicas con nosotros. Algunas veces sólo lo hacen porque ha pasado mucho tiempo desde que hablamos. En otras ocasiones nos llaman con una palabra fresca que han recibido del Señor acerca de nosotros o nuestro ministerio. Cada una de sus llamadas nos alienta grandemente.

EVITE LOS PELIGROS

Una de las celebridades con las cuales me puse en contacto en relación a sus intercesores personales me envió una carta

---

9. Cindy Jacobs, *Conquistemos las puertas del enemigo*, Editorial Betania, Miami, FL, 1993, p. 192.

en lugar de una lista de compañeros de oración personal, expresando el nivel de ansiedad que tenía sobre la idea completa. Me sorprendí, porque era una área nueva y excitante para mí. Pero poco después me pasé algún tiempo con el pastor Casey Treat del Christian Faith Center en Seattle, y me explicó parte del trasfondo del que no sabía nada.

A comienzos de la década del ochenta sobrevino una ola de fanatismo en cuanto a la intercesión, particularmente entre los carismáticos de «la palabra de fe», pero también entre otros carismáticos. Algunos pastores agarraron la manía de enseñar de que el que no orara de tres a cinco horas al día no se estaba moviendo en el Espíritu. Teniendo en mente los «dolores de parto» de Pablo por los gálatas (véase Gálatas 4.19), los intercesores se lamentaban en voz alta como si estuvieran pariendo y hasta se subían uno encima de los otros en la plataforma de la iglesia. Otro ejemplo obvio de intercesión a lo loco. También hubo un tipo de ayuno a lo loco, basado en la premisa de que mientras más se ayunara, más posibilidad habría de que Dios hiciera lo que uno deseaba que hiciera.

Por fortuna, esto sólo fue una moda pasajera y no se ve mucho hoy. Pero Casey señala que estos recuerdos todavía son lo bastante fuertes para algunos pastores como para que sean cuidadosos en cuanto a la intercesión personal. El mismo Casey Treat tiene un excelente equipo de compañeros de oración. Me presentó personalmente a sus tres intercesores I-1, cada uno de ellos tiene una especialización particular para su ministerio de oración.

Aun cuando la intercesión misma no es una farsa, se deben reconocer y evitar los peligros al recibir la intercesión. He estado enfatizando que la intercesión personal por los pastores y otros líderes cristianos es una actividad de alto nivel espiritual. Como tal, atrae la atención del diablo a gran escala. Él atacará de cualquier manera posible la relación de un pastor y los intercesores, pero parece concentrarse en tres áreas principales: la dependencia espiritual, la dependencia emocional y la dependencia física.

1. La dependencia espiritual

Llegar a ser espiritualmente dependiente de los intercesores es un grave error para el pastor. Cuando esto sucede, el intercesor llega a ser un sustituto para el contacto personal del pastor con el Señor. Judson Cornwall menciona esto en su excelente libro *The Secret of Personal Prayer* [El secreto de la oración personal]. Él dice que a medida que viajaba a través de Estados Unidos: «Encontraba con frecuencia pastores dependientes por completo de las oraciones de unos cuantos veteranos conocidos como "intercesores" porque ellos mismos prácticamente no tenían ningún ministerio privado de oración. Esto muy bien podría explicar el estancamiento, la decadencia moral y la gran inseguridad que parecía caracterizar gran parte de los clérigos estadounidenses».[10]

Si usted, como pastor, siente que podría estar cayendo en la trampa de reducir su vida de oración personal, le sugiero que haga algo en cuanto a eso. Me pasé bastante tiempo en el cuarto y quinto capítulos enfatizando la necesidad que tenemos como líderes de desarrollar, por cuenta propia, vidas de oración de calidad precisamente para que logremos evitar la dependencia espiritual. Si ha pasado algún tiempo desde que los leyó, le sugiero que repase esos capítulos.

También lea buenos libros como *La sintonía con Dios* de Judson Cornwall, *La hora que cambia al mundo* de Dick Eastman, *Mighty Prevailing Prayer* [La oración poderosa que prevalece] de Wesley Duewel, *Why Pray?* [¿Por qué orar?] de B.J. Willhite, *The Struggle of Prayer* [La lucha de la oración] de Donald Bloesch, *¿Ni tan solo una hora?* de Larry Lea, o *Too Busy Not to Pray* [Demasiado ocupado para no orar] de Bill Hybel.

Una cosa es levantarse una mañana y decir: «Señor, estoy agotado. Por favor, permite que los intercesores se

---

10. Judson Cornwall, *The Secret of Personal Prayer* [El secreto de la oración personal], Creation House, Altamonte Springs, FL, 1988, pp. 9-10.

encarguen del día». Y otra cosa es habituarse a hacer esto. Ninguna cantidad o calidad de intercesores pueden sustituir al pastor o a cualquier líder que sea un auténtico hombre o mujer de Dios.

2. La dependencia emocional

Cindy Jacobs advierte: «Los compañeros podrían involucrarse emocionalmente contigo o tú con ellos de una manera no saludable».[11] Esto no significa que no deba tener una relación especialmente cercana con uno o más intercesores, pero sí significa que esa relación debe ser siempre objetiva.

Si se encuentra deprimido cuando su intercesor lo está, quizás esto sea una señal de peligro. El intercesor (a menos que sea su cónyuge o un familiar cercano) jamás debe llegar a ser el centro de su felicidad o plenitud personal. Imaginarse que «si pierdo a mi intercesor no podría continuar con mi ministerio» es una señal de dependencia emocional.

Algunos han utilizado el término «adulterio emocional». El adulterio físico involucra entregarle su cuerpo a otro; el adulterio emocional es entregar su alma. Hay una línea entre el afecto y la amistad. Cruzar esa línea con un intercesor puede llevar al desastre.

3. La dependencia física

He dicho suficiente acerca de la inmoralidad en el ministerio para darnos la impresión de que ha llegado a ser una de las herramientas más efectivas de Satanás para estropear la iglesia en nuestros días y nuestra era. No debe sorprendernos que se sugiera que a Satanás le gustaría destruir las relaciones entre pastores e intercesores mediante el contacto físico inadecuado.

La mayoría de los casos de imprudencia pastoral han surgido en primer lugar por la relación de consejería y en segundo lugar por contactos con miembros del personal.

---

11. Jacobs, *Conquistemos las puertas del enemigo*, p. 192.

Todavía no he escuchado de relaciones físicas inmorales entre pastores e intercesores, aunque sé de una intercesora I-1 de un pastor que se marchó con el padre de este.

El contacto inadecuado es un peligro constante que necesita comprenderse y evitarse. Las investigaciones muestran que la gran mayoría de los pastores son hombres y que la gran mayoría de los intercesores son mujeres. No parece que esta situación vaya a cambiar en un futuro cercano.

Para evitar totalmente el peligro de los contactos erróneos, algunos pastores, como John Maxwell, sólo se relacionan con compañeros varones. No se trata de que John o su esposa, Margaret, tengan algún tipo de fobia excesiva a que John se relacione con las mujeres en el transcurso general de su ministerio pastoral. Él se relaciona tan bien como cualquier otro.

Cuando entrevisté a John acerca de este peligro me dijo que su política siempre ha sido tomar ventaja de su punto fuerte, y este es dirigir hombres. Sus dones son tales que los hombres disfrutan seguir su liderazgo. No sólo está recibiendo intercesión de parte de los cien hombres que son sus intercesores, sino que también los está discipulando en su fe cristiana. Llama a sus compañeros de oración su «equipo de ligas menores» para la junta de la iglesia. No se nomina a nadie a la junta que no haya sido un compañero de oración.

Además, John correctamente ha señalado que en la congregación promedio las mujeres oran mucho más que los hombres. Él quiere que en su congregación haya tantos hombres orando como mujeres, así que dirige su atención hacia la preparación y la motivación para que los hombres oren. Y resulta. ¿Recuerdan el relato en el primer capítulo acerca de escuchar a través de los compañeros de oración, «Este no es el lugar»?

John Maxwell no enseña que todos los pastores deben tener la misma política que él, pero es obvio que muchos deben seguir su ejemplo. De lo contrario, deben reclutar familiares como intercesores.

LÍDERES VARONES E INTERCESORAS

Para algunos, las intercesoras dan resultados con los líderes varones. He mencionado que creo que dos de los intercesores de Pablo eran Evodia y Síntique, ambas eran mujeres. De todas maneras, con un tanto menos evidencia, sospecho, como mencioné anteriormente, que María, la madre de Juan Marcos, pudo haber sido una de las intercesoras más cercanas de Pedro.

Para causar dependencia física el enemigo usa la lujuria, el lenguaje y el contacto inadecuados. Para evitar cualquiera de estos, hace falta sentido común. El pastor debe tener un matrimonio sólido como prerrequisito para relacionarse con un intercesor I-1 del sexo opuesto. También debe haber una relación sincera entre los cónyuges. El peligro de la imprudencia física debe reconocerse mutuamente y evitarse siempre.

Cindy Jacobs dice: «No te juntes a orar con un miembro del sexo opuesto sin estar presente otra persona».[12] Iría tan lejos como decir que mientras menos contacto individual exista entre un líder y un miembro del sexo opuesto en general mejor será. No se recomienda que desayune, almuerce, maneje de un lugar a otro con una intercesora.

Me preocupé cuando hace años desarrollé estas reglas para mí mismo, de que podría ser demasiado anticuado. Pero me alentó mi amigo el pastor Rick Warren de la Saddleback Valley Community Church. Él es pastor trentón de una megaiglesia que jamás ha sido acusado de ser «anticuado». Luego de que surgiera el escándalo de Jimmy Swaggart, estableció para su personal «Los diez mandamientos de Saddleback».

1. No visitará al sexo opuesto a solas en su hogar.
2. No aconsejará al sexo opuesto a solas en la oficina.
3. No aconsejará al sexo opuesto en más de una ocasión sin el cónyuge de la tal.

---

12. *Ibid.*, pp. 192,193.

4. No almorzará a solas con el sexo opuesto.
5. No besará a ninguna persona del sexo opuesto que asista a la iglesia o mostrará afección alguna que pueda ser cuestionada.
6. No discutirá en detalles los problemas sexuales del sexo opuesto en la consejería.
7. No discutirá sus problemas matrimoniales con una persona del sexo opuesto que asista a la iglesia.
8. Será cuidadoso al responder cartas o tarjetas postales del sexo opuesto.
9. Hará de su secretaria su aliado protector.
10. Orará por la integridad de los demás miembros del personal.

He escrito todas las reglas de Rick Warren porque creo que seguirlas podría evitar muchos de los problemas que tenemos hoy en día en el ministerio. Estoy de acuerdo con ellas y yo mismo las sigo. No sólo deseo evitar trampas tales como la dependencia física, sino que también deseo evitar la apariencia de maldad.

Reconozca la función del intercesor

Tanto el líder como el intercesor deben reconocer que la función del intercesor es:

- Una relación cercana, pero no el matrimonio.
- Una fuerte influencia en la vida del líder, pero no la manipulación o el control.
- Compañerismo en el ministerio, pero no adueñarse del ministerio.

HÁGALO

Steven Johnson, presidente de las World Indigenous Missions, tomó un curso de misiones conmigo en Fuller. Varios